世有一人，如美景良辰

婉约词女李清照传

江徐 —— 著

图书在版编目（CIP）数据

世有一人，如美景良辰：婉约词女李清照传 / 江徐著. -- 南京：江苏凤凰文艺出版社, 2024.7. -- ISBN 978-7-5594-8727-8

I. K825.6

中国国家版本馆 CIP 数据核字第 202452CE69 号

世有一人，如美景良辰：婉约词女李清照传

江徐 著

责任编辑	白 涵
选题策划	麦书房文化
封面设计	小费设计
责任印制	冯宏霞
出版发行	江苏凤凰文艺出版社
	南京市中央路 165 号，邮编：210009
网 址	http://www.jswenyi.com
印 刷	北京中科印刷有限公司
开 本	880 毫米 × 1230 毫米 1/32
印 张	6.5
字 数	130 千字
版 次	2024 年 7 月第 1 版
印 次	2024 年 7 月第 1 次印刷
书 号	ISBN 978-7-5594-8727-8
定 价	42.80 元

江苏凤凰文艺版图书凡印刷、装订错误，可向出版社调换，联系电话 025-83280257

目录

序　001

第一章　家学渊博，位下名高　005

一　婺家父祖生齐鲁，位下名高人比数　007

二　少年便有诗名，才力华赡，逼近前辈　014

第二章　门当户对，情投意合　025

一　言与司合，安上已脱，芝芙草拔　027

二　倚门回首，却把青梅嗅　033

三　云鬓斜簪，徒要教郎比并看　042

第三章　福祸依存，青州屏居　053

一　何况人间父子情，炙手可热心可寒　055

二　意会心谋，目往神授，乐在声色狗马之上　060

三　帘卷西风，人比黄花瘦　066

第四章　离怀别苦，欲说还休　073

一　生怕离怀别苦，多少事、欲说还休　075

二　静中我乃得至交，乌有先生子虚子　082

三　感月吟风多少事，如今老去无成　089

四　吹箫人去玉楼空，肠断与谁同倚　099

第五章 乱世流离，满衣清泪 113

一 三十四年之间，忧患得失，何其多也 115

二 忍以桑榆之晚景，配兹狙侩之下才 123

三 惟智者之言，可以止无根之谤 132

第六章 风住尘香，寂寞离场 137

一 故乡何处是，忘了除非醉 139

二 韵事奇人，两垂不朽矣 149

三 生如夏花之绚烂，死如秋叶之静美 158

尾 章 千古才女，一代词宗

一 婉约以易安为宗

二 别是一家，知之者少

后 记 海角天涯，共赏梅花

附 录 李清照生平年表

= 序 =

她的生平就是艺术品。

　　木心先生曾在文学课上如此评价李清照。

　　诚然如斯，不论是从李清照人生某一阶段的横切面去看，还是纵观她的整个人生，这位千古才女的所经所历好像都被命运安排得恰到好处。

　　不是好，而是恰到好处。

　　恰到好处的人生，未必会让人无时无刻沉湎于幸福，却可成就不朽的传奇，恰似一件艺术品。

　　年少时光，无忧无愁，在荷花深处纵情欢乐，以至于"沉醉不知归路"；怀春季节，打过秋千，遇见了那个人，情不自禁地表现出"倚门回首，却把青梅嗅"的害羞与心动；新婚宴尔，也会像陶醉于甜蜜爱情的寻常女子那样，将自己娇嗔的一面在郎君面前展露无遗，于是"云鬓斜簪，徒要教郎比并看"；夫妻两地相隔，挂念在心，"花自飘零水自流。一种相思，两处闲愁"；国破家亡，良人已逝，留她一人颠沛流离，"寻寻觅觅，冷冷清清，凄凄惨惨戚戚"成为人生收梢处的主色调……

品读李清照在不同阶段的诗词，就像品味一场流动的盛宴，有秾丽缱绻，有清欢闲愁，不同旅程有不同的柳暗花明，不同时间对应不同的酸甜苦辣，好像很难有比这更丰富饱满、起承转合的人生了。

如今流行这样一句话："你的气质里藏着你读过的书、走过的路和爱过的人。"除了气质，一个人的文字更是。所以，若庸俗地套用在李清照身上的话，或许可以这样说："她的诗词里藏着她读过的书、走过的路和爱过的人。"

写作的人，尤其是诗人，天生具备敏感的触角，对外在世界与自我感受拥有及时且准确的感知，能够用文字将自己的感受精准、唯美地表达出来。品读李清照的作品，便是在欣赏宋词中蕴含的绝无仅有的多角度美感，体会词人亦冷亦暖、幽幽暗暗的情感，重走词人宛如青花瓷般婉约清雅的一生。

第一章

家学渊博，位下名高

一

嫠家父祖生齐鲁，位下名高人比数

仰望夜空，银河浩瀚。繁星闪烁，星汉灿烂。

在此当中，有一颗名为辰星的行星，它离地球很远，离太阳很近。1987 年，国际天文学会公布了其上面三百多座环形山脉的名字，其中有十五座以在文学领域内取得卓越成就的中国人的名字命名。而在这十五人中，有两位是女性文人——东汉诗人蔡琰和宋代词人李清照。

提及李清照，大部分人会将她与"千古才女""一代词宗""婉约派代表"等标签联系在一起。对于这些光环，李清照受之无愧。但她丰富多彩、跌宕起伏的一生，岂能用几个简单的词语概括？追根溯源，又是怎样的成长环境造就了她？

嫠家父祖生齐鲁，位下名高人比数。
当年稷下纵谈时，犹记人挥汗成雨。

这几句出自李清照写给即将出使金国的知枢密院事韩肖胄的一封诗信——《上枢密韩公、工部尚书胡公(二首)》,诗中提及自己的出身和籍贯。"位下名高",既是因父辈祖辈在"齐鲁稷下"享有很高声望而骄傲,又保持着一份谦逊。

齐鲁大地作为儒家文化的发源地,文化底蕴相当深厚。其中部偏西北处有一座文化名城——济南,南傍五岳之首泰山,长江水与黄河水在城北交汇而过,因泉水众多,素有"泉城"之称;又因走出了"二安"(宋词婉约派代表人物李清照,自号易安居士;宋词豪放派代表人物辛弃疾,字幼安),被誉为"文学之国"。

宋神宗元丰七年(1084),春临泉城,一个女婴诞生于章丘明水镇一户李姓人家。因女婴的父亲恰在园中开得一眼小泉,遂取泉水清可照天之意,为其取名为"清照"。

关于李清照的降生,并没有留下富有传奇色彩的故事,但这并不妨碍她成长为文坛之星,在浩浩荡荡、绵延不绝的历史长河中占据一席之地。

对于名人,尤其是文采斐然、才情卓越的女子,人们习惯于从其家庭说起。历史学家缪钺在《诗词散论·论李易安词》中写道:

易安承父母两系之遗传,灵襟秀气,超越恒流……

由此可见，李清照的才情得益于其父母优良基因的加持。

李清照的父亲李格非是神宗朝进士，先后担任太学录、太学博士等职，为官清廉，两袖清风。《宋史·李格非传》中记载的两件事，可以作为佐证——

李格非年轻的时候曾在郓州任职，郡守怜恤他出身贫寒、俸禄不高，打算让他兼任其他职务，以便领取更多俸禄。这本是一番好意，却被李格非拒绝了，因为他不愿接受嗟来之食。

另外一件事是说李格非在前往某地任职途中恰与一道士相遇，听闻其妖言惑众，专骗百姓钱财，当即命手下将此人拖下马车，痛打了一顿，然后驱逐出境。

公私分明、性情耿直、光明磊落、疾恶如仇，李格非的这些优良品质由此可见一斑。

作为苏轼的学生，李格非与廖正一、李禧、董荣并称为"苏门后四学士"，在诗词歌赋上有很深的造诣。据相关文献记载，李格非共作诗文四十余卷，曾写下数十万字的《礼记说》。

> 文不可以苟作，诚不著焉，则不能工。

李格非认为，文章不可以随便写，如果不够坦诚，就没法将文章写好。"文如其人",一个"诚"字,不仅是李格非为人处世、当官任职的准则,也是其写文著作的第一要义。想必这一点,对李清照的为人处世、写诗作词亦有着润物细无声的影响。

"中郎有女堪传业",文叔之谓耶。(注:李格非,字文叔)

"中郎有女能传业"本是王安石的诗句,说的是东汉蔡邕、蔡文姬父女文采俱佳、德行传授的文坛佳话。明朝文学家钱谦益借用此句评价李格非、李清照父女,是因为他觉得李清照完全能够像蔡文姬那样继承父亲的文学成就。如今看来,李清照不仅继承了,更是青出于蓝而胜于蓝。

身为文人雅士,李格非特别喜爱竹子,他在住所种满翠竹,还为屋舍取名"有竹堂"。古人言,物以类聚,人以群分。李格非的老师、大文豪苏轼也曾写下"宁可食无肉,不可居无竹"之句,"苏门四学士"之一的秦观也有"西窗下,风摇翠竹,疑是故人来"之语。栽竹种柏,既是一种生活情调,也反映了一个人高风亮节、虚怀若谷的品格。

"这是最好的时代,也是最坏的时代。"英国作家狄更斯的这句话,几乎适用于世界上任何一个民族的任何时代。宋朝的文化虽然高度发达,但是对政权管理、各种制度持不同政见而引起的朋党之争从未停歇。在政治立场上,宁折不弯的李格非始终站在以司马光、苏轼等人为代表的旧党队伍中，宁可被降职外放，也不接受政敌的招揽。这一立场不仅让他的名字被刻在元祐党人碑上，还差一点影响子女的婚姻大事，成为李清照和赵明诚结为秦晋之好的阻碍。此乃后话。

"易安承父母两系之遗传"，缪钺先生这句话还传达出这样一个信息：不仅父辈，李清照的母辈也不逊色。

北宋时期，文治天下，社会文化得到前所未有的发展。女性，尤其是属于士大夫阶层的大家闺秀，也受到良好的教育。美籍作家伊沛霞从旁观者的角度远眺北宋，就宋朝妇女的婚姻生活撰写过一本叫作《内闱：宋代妇女的婚姻和生活》的著作，书中写道：

> 宋代理想的上层阶级的妻子不单单是献身于丈夫的家庭；她还有管理方面的能力及文学才能和人际关系中高超的技巧，使她可以保持家庭的繁荣昌盛。

李清照的生母王氏，出身名门，是宋朝名相王珪的女儿，只可惜她在李清照幼年时便逝世了。后父亲续弦另娶，继母为吏部尚书王拱辰的孙女。《宋史》中对这位同样出自书香门第的王氏记有一笔：

> 妻王氏，拱辰孙女，亦善文。

"亦善文"，寥寥三个字，却可窥见王氏的性情与爱好，想必她在为文和处事上都对李清照有着积极的影响。

论小环境，李清照出生在一个有名望、有才学、文学气氛相当浓厚的高知家庭，从小就受到良好的教育，熟读经史子集，赋诗填词样样精通。

论大环境，在偃武修文的北宋，几乎所有执政者，不管"皇帝"这项本职工作做得如何（有几位可以说是相当糟糕），都对舞文弄墨具有浓厚兴趣，同时具备遗传性的文学才华。宋太宗极好读书，"开卷有益"这一典故就是因他而来；宋高宗精通诗词、音律，并且志在笔墨；宋朝的第八位皇帝宋徽宗更是难得的艺术全才，他自创瘦金体，富有兰竹之韵，对后世喜爱书法的人产生了极大影响。所谓"上有所好，下必甚焉"，这也是宋朝成为中国历史上文学的黄金时代的一个重要原因。所以，当时整个社会，尤其是士大夫阶层，文化气息相当浓厚。

所谓"天生我材必有用"，首先需要"材"作为基础，同时也少不了"我"的主观能动性。李清照自小文思敏捷，记忆力超群，不仅善读书，而且过目成诵，对诗文、历史、社会现状皆有自己的思考。《红楼梦》中，香菱学诗小有所成，贾宝玉不禁夸赞："这正是'地灵人杰'，老天生人再不虚赋情性的。"所以，但凡有所成就，从来都是靠自身努力与机遇促成的。

可以这样说——天时（文学发展的黄金时代——宋朝）、地利（文化底蕴深厚的齐鲁大地)、人和(父母遗传和自身努力),三因汇聚,使得"造化钟神秀"的泰山脚下走出了李清照这样一位独一无二、才情绝世的文学巨星,她就像一位技术高超的手艺人,以文为经,以笔作纬,在方块汉字搭建的文学世界里编织出一幅幅意境唯美的画面。

时代更迭,伊人远逝,文人墨客的江湖里,始终流传着她的兰闺雅事与人生传奇。

二

少年便有诗名，才力华赡，逼近前辈

云卷云舒，潮起潮落，是一天；花开花落，月圆月亏，乃一年。时光飞逝，风云流转，李家有女初长成，雏凤清于老凤声。

张爱玲说："出名要趁早呀！来得太晚的话，快乐也不那么痛快。"李清照算是年少成名。北宋后期，在汴京等地出现过"文章落纸，人争传之"的盛况，大家争相传诵的，正是李清照的词作。

南宋文学家王灼在《碧鸡漫志》中，这样评价李清照：

> 少年便有诗名，才力华赡，逼近前辈。在士大夫中已不多得，若本朝妇人，当推词采第一。

如今留存下来的李清照的作品并不多，总共不过百篇。而在词作中，有两首《如梦令》最为大家所熟知。

> 常记溪亭日暮,沉醉不知归路。兴尽晚回舟,误入藕花深处。争渡,争渡,惊起一滩鸥鹭。

小说的计量单位是章,诗词的计量单位是字。动人的诗篇字字珠玑,值得读者动用全部想象去细品、去感知每一个汉字背后蕴含的辽阔景致与人生况味。

《如梦令》用三十三个字,描绘了一幅生动活泼的荷塘郊游图。

某年某月的某个夏天,李清照与好友结伴到郊外游玩。她们来到湖边,放眼望去,莲叶田田、莲花娇艳,真如前人所言:"接天莲叶无穷碧。"有人提议划船游湖,众人纷纷响应。湖上,风吹莲动;船上,笑语盈盈。日暮西沉,大家沉醉于良辰美景,陶陶然忘记了时间,也忘记了来时路,竟误入荷塘深处。划桨的欸乃声、游人的说话声,惊起了躲藏在水草丛中的白鹭,于是又响起一阵欢笑声。呵,纵然时光飞逝,只要回想起那天、那时、那刻、那番情形,总让人不禁嘴角上扬。人生苦短,那般酣畅淋漓的游玩,那份翛然来往的欢快,能体验几回?

有学者认为这首词是李清照的处女作,是否属实,无从考证。但"常记"二字透露出这样一则信息——藕花深处、惊起鸥鹭,是她记忆中难以忘怀的画面。也就是说,这首《如梦令》应该不是她年少时期的作品。

其实，是否是处女作并不重要，重要的是这首词中蕴含着简单的快乐。再回首，来时的路曲曲折折、幽幽暗暗、明明灭灭，总有那么一段时光，在汹涌流年的深处，因其纯粹、因其欢乐、因其自在、因其疯癫，让人忍不住想要一次次回味，而那正是每个人回不去的、无忧无虑无思无念的年少时光。

这首词除了代表了李清照早期词作的调性，还展现了她融贯一生的生活方式——亲近自然，与花为友。

雪里已知春信至，寒梅点缀琼枝腻。香脸半开娇旖旎，当庭际，玉人浴出新妆洗。

——《渔家傲》

风韵雍容未甚都，尊前甘橘可为奴。谁怜流落江湖上，玉骨冰肌未肯枯。

——《瑞鹧鸪·双银杏》

暗淡轻黄体性柔，情疏迹远只香留。何须浅碧轻红色，自是花中第一流。

——《鹧鸪天·桂》

不同季节、不同形态、不同品性的花朵，在李清照的笔下，都成了各有姿色与德行的女子。她在写花,又何尝不是在表露自己的内心?寒梅的坚韧不屈、银杏的冰风玉骨、桂花的清冷孤傲,都是她内心的映射。

明媚欢欣有时,忧愁苦闷有时,失意悲伤有时,人间花木、天地山水,始终是李清照迷恋的物象,也是她倾诉的对象,正如《忆王孙》中所言:

> 水光山色与人亲,说不尽、无穷好。

李白诗云:"相看两不厌,只有敬亭山。"
苏轼喟叹:"君臣一梦,今古空名。但远山长,云山乱,晓山青。"
辛弃疾有言:"我见青山多妩媚,料青山见我应如是。"
人与人产生关联,难免会带来烦恼;而人与自然相处,彼此没有要求与期待,反倒轻松自在。

除了亲近自然的快乐,伤春悲秋也是少女的情怀。

> 昨夜雨疏风骤,浓睡不消残酒。试问卷帘人,却道海棠依旧。知否,知否?应是绿肥红瘦。

同是《如梦令》,这一首的格调明显由明快转为因惜春而起的淡淡感伤。四季更替，春来春又去，雨疏风狂之际，最易激发一个人的忧思情怀。

春夜寂静，雨声淅淅，一个人喝茶、酌酒、发呆，继而静坐、冥想，又或者什么都不想，光阴舒缓，醉意催人睡。第二天醒来，依稀记得昨晚任性的独酌。因醉意太浓，即使一夜深睡，也未能完全消解。想起昨夜风雨，突然惦记起院子里的那些海棠花，不知它们是否被雨打风吹去？于是询问侍女，侍女只是随意地安慰了一句，"海棠依旧"。她哪里懂得李清照的情思呢？

关于海棠花，日本作家川端康成写过一句太过唯美的话：

凌晨四点钟，看到海棠花未眠。

不同的时代，不同的国度，不同的文化背景，在花朵与文字面前，读者看到的是同样敏感多思、同样忧愁浪漫的心灵。

自然，是人类最友好的伙伴；花草，是人类最靠谱的情人。对于李清照这样情思细腻、内心分外敏感的文人来说更是如此。翻阅《漱玉词》不难发现，春天的海棠、夏天的荷、秋天的桂花、寒冬的梅……各种人间花木，都是李清照描写的对象，也是她寄托情绪的所在。所以，她在雨夜酒醒之后，第一件事就是问院子里的海棠是否安然无恙。也许，本就转瞬即逝却还要遭受风雨侵扰的花朵，让她不禁联想到自己的青春年华。世间越美好的事物，越容易凋零。就算旁人告知以"依旧",她也明白:风雨催逼,春花辞树,是人生常态。"知否,知否?应是绿肥红瘦",既有惋惜春花零落的无奈,也是对自己美好年华易逝的感慨。

从小熟读诗词歌赋,让李清照打下了扎实深厚的文学基础,让她能够在诗词写作中驾轻就熟地化用前人作品。比如这首《如梦令》,化用的就是唐代诗人韩偓的诗句:"昨夜三更雨,临明一阵寒。海棠花在否?侧卧卷帘看。"同样写春天的雨夜,以及雨后看花的情景,但李清照在化用前人诗句的基础上加入了自己的东西,多了人物对话,多了对内心活动的观照,整首词因此显得更加饱满、立体,富有生活气息。

明代文人蒋一葵评论此词:

> 当时文士莫不击节称赏,未有能道之者。

"绿肥红瘦"之语,更是受历代文人追捧。

南宋文学家胡仔在《苕溪渔隐丛话》中说:

> "绿肥红瘦",此语甚新。

明代戏曲理论家沈际飞在《草堂诗余正集》中说:

> "知否"二字,叠得可味。"绿肥红瘦",创获自妇人,

大奇!

红学家俞平伯说:

全篇淡描,结句着色,更觉浓艳醒豁。

事实上,"绿肥红瘦"这种令人耳目一新的汉字组合方式,在李清照的词集中并非只此一处。《殢人娇·后庭梅花开有感》中有"玉瘦香浓,檀深雪散"之句,"玉瘦香浓"与"绿肥红瘦"异曲同工。

如果李清照只关注自然界的花花草草和自己的小情小绪,只会借着酒意伤春悲秋,吟诵儿女情长的词句,那么她的人生格局就不会如后来般高阔。折服世人的,除了她婉美纯熟的文字,还有她超越年纪、冲破封建传统思想及性别局限的政治眼光。

"安史之乱"后,诗人元结有感于大唐中兴,作《大唐中兴颂》,并由颜真卿书写,后刻于浯溪石崖之上。后世对此碑题咏甚多,其中就包括"苏门四学士"之一的张耒。这本是士大夫之间的事,但当时只有十七岁的李清照初生牛犊不畏虎,勇敢执笔,写下《浯溪中兴颂诗和张文潜(二首)》:

其一

五十年功如电扫,华清宫柳咸阳草。

五坊供奉斗鸡儿，酒肉堆中不知老。
胡兵忽自天上来，逆胡亦是奸雄才。
勤政楼前走胡马，珠翠踏尽香尘埃。
何为出战辄披靡，传置荔枝多马死。
尧功舜德本如天，安用区区纪文字。
著碑铭德真陋哉，乃令神鬼磨山崖。
子仪光弼不自猜，天心悔祸人心开。
夏商有鉴当深戒，简册汗青今俱在。
君不见当时张说最多机，虽生已被姚崇卖。

其二

君不见惊人废兴传天宝，中兴碑上今生草。
不知负国有奸雄，但说成功尊国老。
谁令妃子天上来，虢秦韩国皆天才。
花桑羯鼓玉方响，春风不敢生尘埃。
姓名谁复知安史，健儿猛将安眠死。
去天尺五抱瓮峰，峰头凿出开元字。
时移势去真可哀，奸人心丑深如崖。
西蜀万里尚能反，南内一闭何时开？
可怜孝德如天大，反使将军称好在。
呜呼，奴婢乃不能道辅国用事张后尊，

乃能念春荠长安作斤卖。

在这两首借古说今的诗作中，李清照剖析了唐朝发生"安史之乱"的原因，以及导致大唐王朝倾覆的根本缘由，既意识到"五坊供奉斗鸡儿，酒肉堆中不知老""不知负国有奸雄"的内忧，也看到了"胡兵忽自天上来，逆胡亦是奸雄才"的外患。思想之深刻、文字之老辣，远超她的年龄对应的水准，字里行间的慷慨激昂更不是一般女子所有。这让人不禁联想到身为唐代四大才女之一的薛涛。

薛涛同样有一个在京城当官、禀性刚正的父亲，同样在少年时期展露卓越才情，同样敢爱敢恨，写有缠绵悱恻的情爱诗作，更拥有难能可贵的爱国情怀，曾挥笔写下"朝朝夜夜阳台下，为雨为云楚国亡。惆怅庙前多少柳，春来空斗画眉长"这样含有忧国之思的诗句。

还有明朝"秦淮八艳"之一的柳如是。柳如是自小聪颖好学，能吟诗作画。面对山河动荡的明朝时局，她写下"当年宫馆连胡骑，此夜苍茫接戍楼。海内如今传战斗，田横墓下益堪愁"的诗句。国破城亡之际，她希望夫君钱谦益能够与自己一同投河殉国，不愿苟活于世。国学大师陈寅恪专门为她立传，称之为"女侠名姝""文宗国士"。

自古以来，诸多才女虽然因其所处的时代遭逢不同的境遇，但亦有相似之处——她们不仅在诗词书画上具有卓绝才情，而且拥有超越同时代女子甚至男子的政治眼光和爱国情怀。深刻的思想、坚定的信念、丰盈的底蕴，这些赋予了她们笔下的文字以令人敬服、久远流传的魅力。

欢欣明快有时，惜花伤春有时，胸怀壮志有时……不得不说，李清照是一个情感丰富、性格多元的女子。正因为如此，她才能够将寻常文字按照自己独特的方式进行重组，细致幽微地表达日常生活中的各种情绪。

读李清照的诗词，犹如重走她走过的诗意旅程，并且有所领会：人生漫漫，有时像一首《如梦令》，平平仄仄，曲曲折折，总要在曲折顿挫中前行；有时又像一段《蝶恋花》，翩翩跹跹，缠缠绵绵，如梦亦似幻。

第二章

门当户对，情投意合

一

言与司合，安上已脱，芝芙草拔

在中国历史上，李清照与赵明诚这对文坛伉俪，历来被视为理想婚姻的典范。

提及他们的爱情，能够想到很多美好的词汇：门当户对、郎才女貌、情投意合、琴瑟和鸣、相濡以沫、同甘共苦、情深义重……紫陌红尘，流光飞舞，遇见相爱之人并不稀罕，稀罕的是于浮华三千中找到那个彼此懂得、相互珍惜的良人。你若懂得，我便不再孤独。

说起李清照和赵明诚的爱情故事，要从一个意味深长的美梦开始。

赵明诚幼时，其父将为择妇。明诚昼寝，梦诵一书，觉来惟忆三句云："言与司合，安上已脱，芝芙草拔。"以告其父。其父为解曰："汝待得能文词妇也。'言与司合'是'词'字，'安上已脱'是'女'字，'芝芙草拔'是'之夫'二字，非谓汝为'词女之夫'乎?"

这是元代文人伊世珍在《琅嬛记》中记载的一则故事。

男大当婚女大当嫁，赵明诚到了适婚年纪，父亲开始为他寻觅婚配对象。一天，赵明诚白日睡觉，梦中诵读一本书，醒来只记得其中三句话："言与司合，安上已脱，芝芙草拔。"他将这个梦讲给父亲听，并请教梦之寓意。赵父思量一番，笑着做出完美解析："'言与司合'，是一个'词'字；'安上已脱'，是'女'字；'芝芙草拔'，是'之夫'。连起来看，不就是'词女之夫'吗？"

这则故事，读来多少有点文字游戏的意味，究竟是真是假，已无从考证。也有人认为，这是赵明诚为结心仪良缘、迎娶佳人耍的一个小心机。他在父亲面前自编自演，将心思委婉表达出来。那么，这个在赵明诚梦中被视为"词女"的女子到底是谁呢？

在文化气息甚浓的北宋，能够写诗作词的少女，自然不止李清照。但能够在士大夫阶层中传名、让谦谦君子日夜思慕的，非李清照莫属。

所谓字如其人，见字如晤，通过一个人的字迹，可以窥见她的性情；阅读她笔下的文字，可以感受她的心灵。李清照少有才名，她的词作在士大夫间流传，引起不少读书人的注意，这其中就包括赵明诚。李清照有一个叫李迥的堂兄，赵明诚正是通过他，得以与意中人初遇。

那天正好是元宵佳节，相国寺内人头攒动，热闹景况正如《东京梦华录》中所写，"人使朝辞出门，灯山上彩，金碧相射，锦绣交辉"

赵明诚终于看见了那位才名在外的女子，周遭的火树银花、歌舞百戏，全都成了模糊的背景。那一刻，他的眼帘，全被她一人占据。

"门当户对"这个词，很容易被简单理解为家庭条件与社会地位不相上下。实际上，"门当户对"的两个人，更是在人生追求、思想观念，以及生活情趣上处于同一层次。所谓"三观一致"，便是思想层面上的"门当户对"。

那么，赵明诚是怎样一个人呢？他又能否配得上年少成名的李清照呢？

赵明诚生于官宦之家，父亲是北宋名臣赵挺之，但他并不似其他纨绔子弟那样不学无术、耽于享乐，作为太学生——北宋专门设立太学，选拔优秀子弟入学，若通过考核，可直接接受任命，算得上前途无量。不仅如此，赵明诚还喜欢品诗作词，和李清照具有相同的兴趣爱好。

"苏门六君子"之一的陈师道曾在给黄庭坚的信中这样写道：

正夫有幼子明诚，颇好文义。每遇苏、黄文诗，虽半简数字，必录藏，以此失好于父，几如小邢矣。（注：赵挺之，字正夫）

寥寥数语，透露以下几个信息：一、赵明诚对前辈文人的作品非常喜爱，尤其是苏轼、黄庭坚的诗文，哪怕"半简数字"，也要抄录下来，小心收藏；二、赵明诚在诗文爱好上花费了太多精力和金钱，在父亲赵挺之看来大概属于不务正业的表现，因此不受其喜爱。

除了爱好诗文，赵明诚对金石字画的收藏与鉴赏也具有浓厚兴趣，且因此在士大夫阶层中小有名气。李清照所写《金石录后序》中有一段记载，可见赵明诚对于金石字画的热爱：

> 侯年二十一，在太学作学生。赵、李族寒，素贫俭。每朔望谒告出，质衣取半千钱，步入相国寺，市碑文果实归，相对展玩咀嚼，自谓葛天氏之民也。

还是太学生的赵明诚，没有多少钱，他经常把衣服当掉换钱，然后去相国寺买回碑文。

一个在金石字画领域享有盛名，一个凭借出色的文采横空出世，想必久居闺阁的李清照对"赵明诚"这个名字也有所耳闻。

同频共振的两个人，纵使隔着万水千山，也终会相遇。今天还是陌路人，也许明天就在下一个路口不期而遇，相视一笑，犹如重逢。

"人生若只如初见"，说的是人世间的感情，不管如何珍惜、守护，终究会在尘俗中各种外力的作用下变淡、变远、变质，最终留存下来的只有对美好过往的回忆。

行至暮年的李清照，或许会在秋雨潇潇的午后，独坐窗前，陷入对某段往事的追忆；或者再一次翻检所剩无几的字画古籍，翻到亡夫生前所著《金石录》时，恍惚觉得那字迹鲜活得就像刚刚完成；即便记忆随着年岁增长而模糊，依然会记得那一年的元宵节，她去相国寺游玩，一路香车宝马，流光溢彩，鱼龙共舞，前来观赏灯会的女子笑语盈盈，一个个"铺翠冠儿，撚金雪柳，簇带争济楚"。在火树银花的光影间，她遇到了自己的真命天子。在她看来，他谈吐风雅、举止谦和；在他眼里，她巧笑嫣然、气质出众。

郎君一见钟情，佳人一见倾心，两人心心相印。从灯会回去后，赵明诚便假借"词女之夫"的梦境向父亲大人表明心意。那么，待字闺中、春心萌动的少女李清照当时又怀着怎样的心绪呢？

小院闲窗春色深，重帘未卷影沉沉。倚楼无语理瑶琴。
远岫出云催薄暮，细风吹雨弄轻阴。梨花欲谢恐难禁。

——《浣溪沙》

这是一首惜春词，也是一段闺中愁。独守深闺的少女，透过绮丽窗，看见院内春色已深。但厚重的门帘尚未卷起，地面因此帘影沉沉。该如何摆脱这百无聊赖的感觉和心中阑珊的春意呢？走到楼前，倚栏眺望，远处山峦云笼雾罩，微风裹挟着细雨。坐下来，拨弄古琴，试图用悠远闲淡的曲子驱散内心莫名的、无法诉说的闲愁。虽然只是微风细雨，院里的梨花恐怕也难经受吧？想到这里，伤春悲秋的惆怅、莫名其妙的苦恼越发涌上心头。

云淡风轻的词句，蕴藏着深邃浓郁的少女情怀。明代书画家董其昌评价道：

> 写出闺妇心情，在此数语。

董卿在《朗读者》节目寄语中说："世间一切，都是遇见。"绛珠仙草遇见神瑛侍者，于是有了木石前盟；梁山伯遇见了祝英台，于是有了化蝶传说；司马相如遇见卓文君，于是有了"愿得一心人，白头不相离"的爱情佳话；牛郎遇见织女，于是有了"柔情似水，佳期如梦，忍顾鹊桥归路"的情思……

李清照遇见赵明诚，郁积在心头、难以言说、无处可诉的闲愁，从此便有了出口吧？

二

倚门回首，却把青梅嗅

哪个男子不钟情？哪个少女不怀春？从"求我庶士，迨其吉兮"到"终日望君君不至，举头闻鹊喜"，从"忆梅下西洲，折梅寄江北"到"见客入来和笑走，手搓梅子映中门"……对于喜欢写字的人来说，心境是意境流淌的本源，意境是心境投在纸上的倒影。

少女时代，心无挂碍，烂漫又天真的李清照在莲子成熟时节，泛舟湖上，尽兴游玩，欢快至极，以至于"沉醉不知归路"；年岁增长，随之更生出纷杂别样的、微妙难言的、喜不自禁的、患得患失的情绪。

蹴罢秋千，起来慵整纤纤手。露浓花瘦，薄汗轻衣透。
见客入来，袜刬金钗溜。和羞走。倚门回首，却把青梅嗅。

——《点绛唇》

这是李清照在少女时代创作的一首词作。

诗词之美,在于精炼。诗词中的每个汉字,可能都包含着很多信息和情绪,有时三言两语就是一篇微型记叙文。品读诗词,尤其是宋词,应该字斟句酌、细细咀嚼。品的,是汉字搭配运用的精妙;读的,是词作背后作者的情感情绪。就像这首《点绛唇》,虽简短,意象却很丰富,字里行间蕴含的少女情怀就像枝头待熟的青梅,汁液饱满,酸甜馥郁。

春天的某个早晨,少女在院中荡着秋千,汗珠渗出,洇湿衣裳。她正慵懒地整理,不承想与一位"客"人不期而遇。这让她感到羞涩,也因此躲避不及。"慵整""薄汗轻衣透",透过这些词语,似乎可以感受到少女荡秋千时的愉悦之情与无所顾忌的放任态度;玩到尽兴时又稍感乏力,此种情形不禁让人联想到"兴尽晚回舟"。连贯起来看,一个天真、烂漫、欢乐、充满青春活力的少女形象便更加立体、栩栩如生地展现在眼前。

"露浓花瘦",点明了时间,而"花瘦"也与后面的"青梅"呼应,表明此时应是春去夏至时节,樱桃开始泛红,芭蕉绿意渐浓,青梅也将成熟。人儿,是青春靓丽的人儿;季节,是缤纷绚烂的季节。

词的上阕描摹了事件与环境;下阕写人物,一举一动、一字一句,无不是戏。"见客入来,袜刬金钗溜",因害羞引起的急忙匆促,因匆促而起的莽撞,以及小小的、无伤大雅的疯癫,都在这九个字中显露无遗。

这个忘乎所以荡着秋千的少女,不禁让人想到《红楼梦》中的薛宝钗。在大多数人的印象中,薛宝钗端庄、得体、贤惠,举手投足始终规矩得体,为人处世总是四平八稳,以至于有几分少年老成的味道。然而,她也从青春走来,也有少女本真的活泼与烂漫,只是在周遭无人,无须顾及别人眼光和评论的时候,才会表露出孩子般纯真烂漫的天性。薛宝钗最真实也最可爱的一刻,出现在《红楼梦》第二十七回:

> 刚要寻别的姊妹去,忽见前面一双玉色蝴蝶,大如团扇,一上一下迎风翩跹,十分有趣。宝钗意欲扑了来玩耍,遂向袖中取出扇子来,向草地下来扑。只见那一双蝴蝶忽起忽落,来来往往,穿花度柳,将欲过河去了。倒引的宝钗蹑手蹑脚的,一直跟到池中滴翠亭上,香汗淋漓,娇喘细细。

一个与众人眼中、评价之下截然不同的,一时"忘记体统"、展露少女本性的薛宝钗跃然纸上。"香汗淋漓,娇喘细细"与"蹴罢秋千,薄汗轻衣透"岂不具有异曲同工之妙?岂不同样让人着迷?

这首词中的"客",一时成为神秘人物。有人不禁猜想,这个让少女避之不及却又忍不住"倚门回首,却把青梅嗅"的客人,正是对李清照一往情深，同时也让李清照心有所动的赵家公子赵明诚。也有人认为这首词描写的对象并非李清照本人，而是某个歌女，因为蹴秋千、溜金钗、和羞走、嗅青梅这一连串在古代显得轻佻的举止似乎与李清照大家闺秀的身份不符。

持这一观点的汉学家吴世昌在《词林新话》中写道：

咏歌女，非易安自咏。"见客入来"，是何等人家？

真相究竟如何，无从知晓。但一切景语皆情语，这是文学创作中亘古不变的一条法则。词中的少女，究竟是易安本人，还是另有其人，读者从这首词中体会到的少女青春气息、那故意倚门回首攀枝嗅梅的娇憨，并不会因此大打折扣。这番情景，又因为曾经遇见，或者在自己身上发生过而多了一层熟悉感。

"和羞走"三个字极富动感，寂静无人的庭院，晴丝袅袅，春意盎然，荡着秋千的少女为躲避忽然出现的陌生来客，忙不迭地起身离去，匆匆忙忙，羞羞答答。也许因为自己小小的鲁莽，也许还因为与心仪之人的不期而遇，少女心里满是欢喜。"倚门回首，却把青梅嗅"又是一幅画面，从心底泛上来的笑意在娇好的脸庞上荡漾开来，如湖面涟漪，轻柔无声；更妙之处在于回首嗅青梅这一动作，读者大概都能领会少女是醉翁之意不在梅。这一刻，她大概是矛盾的，同时也是情不自禁的，理智引导她匆匆离开，感性又占据上风，鼓励她勇敢地回眸，旋即,少女的娇羞与矜持又阻止她转身。

古典文学家詹安泰在《读词偶记》中这样评价《点绛唇》:

> 女儿情态,曲曲绘出,非易安不能为此。求之宋人,未见其匹,耆卿、美成尚隔一尘。

耆卿,即柳永;美成,即周邦彦。在詹安泰眼中,宋朝优秀文人众多,但要论谁对女儿情态、儿女情长的描摹最为出众,写过"执手相看泪眼,竟无语凝噎"的柳永,写过"并刀如水,吴盐胜雪,纤手破新橙"的周邦彦,都比不上李清照。究其缘由,除了女性特有的敏感细腻,少不了亲身体验带来的对细微情感的真切感知。

李清照擅长化用前人作品,她似乎对韩偓的诗词情有独钟。在《点绛唇》中,她又化用了韩偓的《偶见》:"秋千打困解罗裙,指点醍醐索一尊。见客入来和笑走,手搓梅子映中门。"细细品味,"和笑走""手搓梅子"虽然生动逼真,很有画面感,但是这一笑一搓,从内容角度看,少了少女应有的矜持与娇羞;从文字角度看,没有那么婉约,柔美程度也不够。相较之下,李清照的"和羞走""回首嗅青梅",将少女出于传统礼教而表现出的羞答答,与发自内心、情不自禁的小动作描写得惟妙惟肖。青梅的酸甜之味,正是青春少女青涩且甜蜜的恋慕。

而这正是李清照的高明之处——不用华丽的字眼,只是寻常语句,就能将人人有共鸣的某种情思自然又极精妙地描摹出来。

南唐词人李煜的作品同样具有这种魔力。他写时光流逝、念及过往的无奈,"春花秋月何时了,往事知多少";写国破家亡、惦念故土的离愁别绪,"剪不断,理还乱,是离愁。别是一般滋味在心头"……

明末韵学家沈谦有这样一句评论:

男中李后主,女中李易安,极是当行本色。

所谓本色,就是一个人对自己的内心和文字坦诚,少些华丽修饰,少些奇技淫巧,怀一颗赤子之心。正如《菜根谭》中所载:

文章做到极处,无有他奇,只是恰好;人品做到极处,无有他异,只是本然。

李清照以词写情臻于此境,有尽兴游玩时的欢畅,有邂逅良人的羞喜,更有庭院深深、流水脉脉的孤寂。

莫许杯深琥珀浓,未成沉醉意先融。疏钟已应晚来风。
瑞脑香消魂梦断,辟寒金小髻鬟松。醒时空对烛花红。
——《浣溪沙》

李清照的人生各阶段都沾染着或浓或淡、或喜或忧的诗情与酒意,欣喜欢愉时、多愁善感时、寂寞闲愁时、心思沉重难以入睡时、心中怨苦无处排遣时、夜深人静时、清晨起床时、篱前赏菊时、尽兴打马时……很多时候，各种场合，酒已然成了她不离不弃的知己。

长夜漫漫，更漏声声，杯盏只能盛载那么多酒。李太白说："抽刀断水水更流，举杯销愁愁更愁。"有时候，越是想醉，人越是清醒；也有时候，酒不醉人，人自醉。

晚风习习，暮色沉沉，远处传来疏疏朗朗的钟声。此刻听着，倒正合当下的心境。酒意渐消，香炉中的香已经燃尽，梦境也随之中断，头上用辟寒金装饰的钗佩摇摇欲坠，发髻不知何时已松脱开来。午夜梦醒时分，陪伴在身边的又有谁呢？只有桌上那对无声燃烧的红烛。"醒时空对烛花红"，语浅情深，同样没有峭拔字眼，一时让人难以说出究竟好在哪里。

苏轼的《海棠》一诗中有这样两句：

只恐夜深花睡去，故烧高烛照红妆。

苏轼的红烛是积极的，因为他有陪伴与寄情处；李清照的烛花则显得虚空，红烛并不能成为一种陪伴，相反，它越是深红，人心中的寂寥之感越浓。

每一个少女、每一个对情爱满怀期盼的人，都曾有过这种茫然四顾、寂寥漫溢，夜半醒来无人与诉的情感体验。没有一个"情"字，也没有一个"念"字，却无处不是似淡实浓的情、似浅实深的念。

既然两情相悦，李清照的落寞之感又因何而来？

歌词中唱道："爱是天时地利的迷信。"赵明诚与李清照二人，郎有情，妾有意，是谓"人和"；两人都是山东人士，而且父亲都在朝为官，同事结为亲家，也算是"地利"；关于天时，就要提到当时的政治局势。

治平四年（1067），英宗病逝，神宗即位。新帝登基，励精图治，立志革新，希望通过一系列新政策的实施，改变北宋因长期偏重文治而导致的积贫积弱的疲软现状。基于此，神宗全力支持王安石变法。很快，朝中便形成了以王安石、吕惠卿等为代表的改革派，与以司马光、苏轼等为代表的保守派，两派人物在政治见解上矛盾尖锐，互不相让。

赵明诚的父亲赵挺之加入了以王安石为代表的改革派队伍，属于新党拥趸，而李清照的父亲李格非自然与他的老师苏轼站在同一战线。《宋史·赵挺之传》中有这样一笔：

> 挺之排击元祐诸人不遗力。

在婚姻大事遵从父母之命、媒妁之言的古代封建社会，双方父亲在官场上站在了对立面，两个年轻人想结为连理实在不太现实。但是，冥冥之中，机缘似乎也要成全这对年轻人。

元丰八年（1085），宋神宗病逝，反对新法的高太后垂帘听政，旧法得以恢复。可没过多久，高太后便去世了，亲政的宋哲宗罢免了数位旧法大臣，再次起用新法人物。宋徽宗即位时，新旧两派经过之前数次反反复复的斗争，矛盾愈演愈烈。为了调和朝中两派大臣之间的矛盾，宋徽宗尝试以公正、持中的态度缓和局势，新旧两派的矛盾暂且得以缓解，这在无意之中为李清照与赵明诚的结合消除了现实阻碍。

建中靖国元年（1101），李清照和赵明诚这对有情人终成眷属。人生海海，山长水远，两人从此风雨同舟，开始新的旅程。

三

云鬓斜簪,徒要教郎比并看

作家木心说,李清照的生平就是一件艺术品。

纵观其一生,每一个阶段的起承转合与悲欢离合,每一段路途的山重水复和柳暗花明,都像有人暗自导演那般,跌宕起伏间衔接得恰到好处,又有些出人意料。也许,造物主将对人类命运的编排视为一项认真的消遣?

关于李清照与赵明诚的新婚生活,可以从李清照的几首词作中窥见一斑。如果说婚前的相思是青梅般略带酸涩的微甜,那么婚后的相恋就是甜度很高的蜜桃。

卖花担上,买得一枝春欲放。泪染轻匀,犹带彤霞晓露痕。

怕郎猜道,奴面不如花面好。云鬓斜簪,徒要教郎比并看。

——《减字木兰花》

易安词中的每一个字,都好似汁水饱满的青橄榄,需要慢慢咀嚼、用心品味,才能感受到如丝如缕的绵密香味。

或许是在一个春雨初歇的早晨,卖花郎挑着花担,穿过悠长的巷子,一声声吆喝引来屋内的佳人。花担上,梅枝疏疏横卧,花瓣宛如天边彤霞,残留在上面的雨露像女子的泪水,楚楚动人,惹人怜爱。佳人沉醉于旖旎的春色,用心挑拣着,心念忽而一转,转向哪里呢?"怕郎猜道"。这枝身披彤霞、面带露痕的梅花真是好看,以至于让她隐隐担忧自己的花容被比下去,不知夫君是否也这样认为呢?想到这里,她立即将买下的梅花斜插于鬓角,转身走进屋子,偏要让夫君瞧一瞧、比一比,究竟是花好看,还是簪花的人好看!

这哪里是真的"怕郎猜道"?又哪里是真的想要郎君在人与花之间比出个上下高低?这完全是新婚中的女子存心要在爱侣面前"无理取闹"一番。答案并不重要,重要的是她想听从他口里说出的蜜语。

文献学家赵万里认为这首词并非李清照所作,因其"词意浅显"。宋代文学家王灼在《碧鸡漫志》中也曾对李清照的某些词作做过这样的评论:

轻巧尖新,姿态百出,闾巷荒淫之语,肆意落笔,自古缙绅之家能文妇女，未见如此无顾藉也。

如果以风格论，这首词与之前的"常记溪亭日暮，沉醉不知归路""醒时空对烛花红"，包括之后的"生当作人杰，死亦为鬼雄""寻寻觅觅，冷冷清清，凄凄惨惨戚戚"确是大相径庭，让人难以相信它们出自同一人之手。细品之下，反倒觉得它与"倚门回首，却把青梅嗅"如出一辙，同样是写某种心理状态：沉醉于甜蜜当中的女子，因为爱情的滋润，变得无比柔软、敏感、多疑、娇嗔，甚至小小的刁蛮，种种表现只不过想确定一点——在你眼里，我最美；在你心中，我最重要。这种状态，想必每个沉浸在甜蜜爱情中的女子都有过。

之所以有学者怀疑这首词并非出自李清照之手，大概是认为李清照身为大家闺秀，尤其是一代词宗、婉约派的典范，理应时刻保持端庄稳重，言行举止更要在礼仪规范之内，否则便是轻薄浅俗，有失大家风范。这一点自然可以理解，就像薛宝钗，她因姐妹情谊提醒林黛玉："既认得了字，不过拣那正经的看也罢了，最怕见了些杂书，移了性情，就不可救了。"一个人若完全活在文明评判之下，就会失去自我，尤其是在封建社会。

李清照是千古才女，是宋代词宗，但她首先是一个有血有肉、有情有义的人，更是爱情中你侬我侬的小女人。这首词表露出一个不受封建礼教和道德约束的女子在爱恋中无所掩饰的女儿情态，"徒要"一词更是将沐浴爱河、享受偏爱的女子特有的小任性、小霸道、小骄蛮，以及无所顾虑的自信一并道尽。语浅情深,是李清照的运笔功力,更是其情感的自然流露。

无独有偶,五代时期某位无名氏写的一首《菩萨蛮》,同样关于卖花与撒娇:

> 牡丹含露真珠颗,美人折向庭前过。含笑问檀郎:花强妾貌强?
> 檀郎故相恼,须道花枝好。一向发娇嗔,碎挼花打人。

李清照的《减字木兰花》,像一出内心独角戏,展现了热恋中的女子的心理活动;无名氏的《菩萨蛮》写出两个人的互动,郎情妾意,具有较强的画面感。

面对美人的拈花笑问,郎君故意表现得不耐烦,又说什么"当然是花好看"。这般回答,当然让美人娇嗔笑骂,同时"碎挼花打人"。对话、神情、动作,都在其中,恋人之间甜蜜的打情骂俏跃然纸上,入木三分。比较之下,李清照的文字显得更加柔情、更加娴静,虽然缺乏深意,却因为无有深意而贴近恋爱的真实情态。

爱上了,不就是会说傻话吗?恋爱中的女人不就是会在爱人面前做回小女生,冒出一些痴痴傻傻的念头吗?"相敬如宾"确实是一种婚姻美好的表现,但若亲密的两个人一直像宾客那样小心翼翼地以礼相待,又像宾客那样一板一眼地正襟危坐,不仅会妨碍亲密关系,还会让夫妻生活少了些情趣。真爱面前,是一定会释放自我的。

李清照与赵明诚成亲后,两人并非朝夕相处、形影不离。因为赵明诚作为太学生得待在太学府继续学习,每个月只能请假回来一两天。

新婚宴尔,聚少离多,相比小别胜新婚的激情,思念与等待占据了李清照更多的时间,有词为凭:

绣面芙蓉一笑开,斜飞宝鸭衬香腮。眼波才动被人猜。
一面风情深有韵,半笺娇恨寄幽怀。月移花影约重来。

——《浣溪沙·闺情》

同样有人怀疑这首词并非李清照所作,因为它和"云鬓斜簪,徒要教郎比并看""笑语檀郎,今夜纱厨枕簟凉"一样,让人觉得浅薄轻佻,缺乏深意。但也有人持相反的观点,比如词学大师龙榆生。他认为李清照为人坦荡、风流蕴藉,又何必在文字中有所回避和忌讳。这样的李清照,因为多面更显真实、更接地气,而不是供于文坛的冰冷偶像。

明代文人赵世杰评价此词:

摹写娇态,曲尽如画。

白居易在《长恨歌》中形容杨贵妃的容貌"芙蓉如面柳如眉",以花喻人,人面如花,花如人面。因为心中有情、眼里有爱,笑意在眼角眉梢荡漾开来的时候,就好似一朵粉色芙蓉在春风里尽情绽放。这笑,是因为突然回想起以往的某件开心事而忍俊不禁。

悄然无声的房间、宝鸭形状的香炉、袅袅升起的檀烟、芙蓉花一般的香腮,无须开口说什么,情愫早已无法掩饰,眼波微微一动,绮丽心思便随之泄露。心上人不在身边的这些日子,只能执笔在信笺上写下娇恨与幽怀。虽然心生娇恨,虽然有所幽怀,最后仍然没有忘记将下一次会面的日期早早约定,就在月移花影时。

"存乎人者,莫良于眸子。"眼睛是心灵的窗户,很多时候,还没开口,想表达的内容已经由那双会说话的眼眸透露。"眼波才动被人猜",简单平实的七个字,把女子暗怀幽思,不想被人知道,却不小心被自己的眼神出卖的微妙情思描摹得惟妙惟肖。

明末韵学家沈谦对此评价说:

传神阿堵,已无剩美。

婚后没过多久,从太学院毕业的赵明诚便踏上了仕途,听从朝廷的安排外出任职;加上他对金石文化抱有"穷遐方绝域,尽天下古文奇字"的志向,需要游历各地,搜取古籍。因此,度完新婚的短暂甜蜜期后,李清照与赵明诚常常分居两地。爱到深处,自然不愿离别,人还未远行,思念已经开始。

元人伊世珍在《琅嬛记》中写道:

> 易安结褵未久,明诚即负笈远游。易安殊不忍别,觅锦帕书《一剪梅》词以送之。

那一年,李清照二十岁,赵明诚二十三岁。她不能阻止他追求理想的步伐,又不忍分别,便寻出一方锦帕,题了一首词,赠予夫君。

> 红藕香残玉簟秋。轻解罗裳,独上兰舟。云中谁寄锦书来?雁字回时,月满西楼。
> 花自飘零水自流。一种相思,两处闲愁。此情无计可消除,才下眉头,却上心头。
>
> ——《一剪梅》

不止一位文人评论这首词时,认为起句秀绝,既有不食人间烟火之气象,也有吞梅嚼雪的品质。李清照的精神世界和她的词作一样,不沾纤尘,不染烟火,清凉淡雅,幽香四散。

爱恋在深秋,思念亦在深秋。寂寥总是在不经意间潜入心底,难以消散,忽而有了一个想法——何不登上兰舟,去寻访往日那片熟悉的风景?再次来到久违的荷塘,盛夏已过,池塘里的田田荷叶已经显现出枯败的迹象，娉婷的荷花也已零落为泥。相比之下，乃是旧时藕花旧时舟，情怀亦不似当年。青春年少时可以无所顾忌地迷失在藕花深处，能够沉醉，能够误入，心情也因为没有惦念显得分外轻快飞扬。

一个人的秋天，天高云淡，忽而看见一行大雁从空中飞过。这些来去自如的飞鸟，能否捎来期盼许久的信件？事实上，她何尝不清楚这不过是自己的妄想痴心。可即便是痴，也要如此，因情难自已，因思念太深。

荷叶虽残，却亦有情。《红楼梦》第四十回，贾母携众人陪同刘姥姥游大观园。行至荇叶渚，见湖中荷叶枯败，贾宝玉便要命人拔出。林黛玉说她平日不喜欢李商隐的诗，除了"留得残荷听雨声"一句。贾宝玉于是改变了主意。

与无穷碧的荷叶、别样红的荷花相比，残荷确实没有可赏之处，但是"残荷听雨"别有一番意境。听的自然也不是雨，而是心中幽思。萧索暗淡的残荷、冷清孤寂的雨滴，恰恰能够回应人的心境。此种回应，便是情感的共鸣。天地沉默无言，却给人以安慰。李清照的"红藕香残"也是如此，还有自顾自飘零的花、自顾自流淌的水。

起初，临水且照花；到最后，花自飘，水自流，似乎喻示着世间离别在所难免。可尽管如此，仍愿意相信，人处两地，心系一处，相思是一样的相思，闲愁大概也是一样的闲愁。这样的闲与愁，真是扰人清梦，能有什么办法将之从心头赶走呢？几次尝试着放下，可一旦意识到放下了，便再次袭上心头。四季轮转，大雁归来的时候，独自登上画楼；大雁归了，月亮也圆了，人却仍然孑然一身。

关于独上的西楼与一个人的月色，关于离别与思念，李煜写有这样的词：

无言独上西楼，月如钩。寂寞梧桐深院锁清秋。

同样是孤单一人，同样是独上西楼，无论月盈，抑或月缺，都是一片凄清。

人生自古伤离别。离别，是唐诗宋词中一个重要的主题。描写离别之情的宋词不少，并且各有风格。柳永是深情的："留恋处、兰舟催发。执手相看泪眼，竟无语凝噎。"欧阳修是痴情的："离愁渐远渐无穷，迢迢不断如春水。寸寸柔肠，盈盈粉泪，楼高莫近危阑倚。"辛弃疾是悠远的："君思我，回首处，正江涵秋影雁初飞。"李煜是伤情的："剪不断，理还乱，是离愁。别是一般滋味在心头。"

而《一剪梅》与其他宋词相比，飘逸清婉，语浅而情深。明代文学家茅暎评价说：

香弱脆溜，自是正宗。

在赵明诚远游期间，李清照所作关于离愁别绪的词，除了这一首，还有《怨王孙》：

帝里春晚，重门深院。草绿阶前，暮天雁断。楼上远信谁传？恨绵绵。

　　多情自是多沾惹，难拚舍，又是寒食也。秋千巷陌，人静皎月初斜，浸梨花。

这是汴京的晚春，也是寒食节将近的晚春。重重大门将大自然的无限春色阻隔在外，唯有阶前的春草繁茂而生，绿意渐浓。

闲来倚门，低头看到兀自疯长的春草，情不自禁地联想到前人的"系得王孙归思切，不关芳草绿萋萋"，或许还有"晴川历历汉阳树，芳草萋萋鹦鹉洲"，心中的那份思念，像极了这片无人打理、兀自疯长的春草。天色将晚，大雁归巢，写给心上人的信该由谁来传递？若说心中有恨，也怪不了别人，怪只怪自己太多情，才在红尘中牵惹这些烦恼忧愁。

古时候，通信不像现在这般发达，只能靠书信这种很慢的方式联络。因为慢，所以需要等待。有时候，等待虽然是一件让人备受煎熬的事，却也不失为一种幸福。因为慢，一生只够爱一人，等待本身就是爱情的一部分。思念的起初，由景生情；最终的结局，寄情于景。月光下，那一树幽幽绽放的梨花，承载着佳人目光长久的凝视，还有心底无计可消的思念。

如果爱要付出代价，这代价就是，原本轻灵无碍的心从此被思念深深牵缚。可即便如此，敢爱的女子，从来不会为了保持轻松自在的状态，拒绝最美好的存在方式——爱，以及爱所带来的山重水复与惊涛骇浪。

第三章 福祸依存，青州屏居

一

何况人间父子情，炙手可热心可寒

命运就像我们脚下的大地，无论走到哪里，都无法摆脱它无形的掌控。虽然李格非与赵挺之在政治上的对立并没有妨碍他俩成为儿女亲家，但这就像一个隐患、一枚定时炸弹，不知何时就会爆发。

宋徽宗即位后，为平息日益激烈的党争，采取了一系列措施。可是，这就像治理水患不用疏通而采用堵截的方式，也许能产生立竿见影的效果，实际上却是表面维稳，时间一长，就会故态复萌，甚至变本加厉。

在新法集团中，有个叫蔡京的官员，他深受王安石赏识，并得到重用。宋徽宗即位后，蔡京被重新启用，一朝得势的他大力推行新法，同时严厉打击旧党人物。

崇宁元年（1102），蔡京将司马光、苏轼、黄庭坚、晁补之等三百多名旧党成员的名字刻在石碑上，并昭告天下，凡名字被刻写在元祐党人碑上的，将受到以下惩处：他们本人及其子孙不得留居京城和任职；在朝官员不得与元祐党人的子孙联姻通婚；谁若是上书为元祐党人申辩，将一并列入此籍。身为旧法拥护者的李格非，名字自然也被刻在了碑上。此时李清照和赵明诚虽已成婚，可作为李格非的女儿、赵挺之的儿媳，她怎么可能完全置身事外？

这一变动就像一块石头，被抛入李清照和赵明诚原本平静甜蜜的生活，激起一层巨浪。一边是维护旧法、被列入元祐党人籍的父亲，一边是拥戴新法而得势、在官场平步青云的公公，李清照该如何是好？假若她为父亲向公公求情，赵挺之会看在儿子和儿媳的面上，帮助李格非免于政治灾难吗？

南宋藏书家晁公武在《郡斋读书志》中对此事略带一笔：

> 其舅正夫相徽宗朝，李氏尝献诗曰："炙手可热心可寒。"

在古代，妻子称丈夫之父为舅。"炙手可热"，指赵挺之在官场上风头正劲；"心可寒"是说李清照的感受。她为何感到心寒呢？联系前后事件不难推测，她恳求"炙手可热"的公公替自己的父亲说情，却遭到了拒绝。她是何等失望，以至于直截了当地写下了"炙手可热心可寒"这样的语句！这也从侧面表明，李清照是一个敢说敢言、内心坦荡且无所畏惧的女子。

世上很多事情，本无所谓对错。之所以有对错之分，只因立场不同，从而选择了不同的评判标准。站在赵挺之的立场，如果他在这个时候向亲家李格非伸出援手，那么非但帮不了对方，还有可能将自己拉下水。更何况人性中本就有自私的一面，对于某些人来说，保全自己才是人生的第一要义。拒绝李清照的援助请求，在赵挺之看来无可厚非。

不管如何，这次家族变故对李清照的影响极大，也使她获得了跃级性的成长，让她在是非、爱憎方面树立了泾渭分明的价值观。

在这件事上，最左右为难的当属赵明诚。一边是父亲，一边是妻子，他又站在何种立场上呢？虽然没有相关的历史记载，但通过他"每遇苏、黄文诗，虽半简数字，必录藏，以此失好于父"可知，他偏爱苏轼、黄庭坚的文章，而这两位都是旧党代表人物。若非要论政见立场，赵明诚倒是极有可能倾向于旧党。

李清照求情未成，就算赵明诚向父亲开口，得到的极有可能是同样的回答。或许，这种时候，赵明诚不偏向父亲，对李清照来说已经算是安慰。

宦海凶险，朝不保夕，不论新党与旧党之间，还是新党内部，互相倾轧是常态。

宋仁宗在位时，新党得势，反对派被驱逐，欧阳修、苏东坡这些旧党人士要么隐居乡野，要么被贬至穷乡僻壤。而异己一经清除，新党内部又开始产生矛盾。曾经作为王安石得力助手的吕惠卿野心勃勃，想取王安石而代之。之后事情又发生逆转，被罢黜的王安石再度担任宰相。历史总是惊人的相似，不管哪个时代的朋党之争，总会从不同党派之间的争权夺势，发展成内讧。如今，原属同派的蔡京与赵挺之又开始互相排挤，你争我斗。

在此期间，发生了一件令人匪夷所思的怪事——崇宁五年（1106），天空出现彗星，其中一颗正好击裂了元祐党人碑。宋徽宗将这一天象视为不可违抗的天意，下令毁掉元祐党人碑。赵挺之亦借力于"天意"，压倒了蔡京。

历史在对立派别持续不断的斗争中向前发展，被裹挟其中的人随之沉沉浮浮、起起落落。当蔡京再次坐上宰相之位时，也就意味着赵挺之败下阵来。

大观元年（1107），赵挺之病逝，而他家人的灾难刚刚开始。

为了报赵挺之之前上书皇帝言其恶行之仇，重新得势的蔡京捏造各种罪名，将属于新党的赵挺之划为元祐党人，还将其子孙赵明诚等投入监牢。虽然因为缺乏证据，赵明诚最终被释放，但他被罢官免职，遣送回了原籍青州。

天上星河转，人间帘幕垂。凉生枕簟泪痕滋。起解罗衣，聊问夜何其？

> 翠贴莲蓬小,金销藕叶稀。旧时天气旧时衣。只有情怀,不似旧家时。
>
> ——《南歌子》

有人认为,这首词作于李清照和丈夫屏居青州后不久。

又是一个秋天,白日的喧嚣浮华随着日落退去,仰望星空,不管人间上演着怎样的悲欢离合,它始终自顾自地流转,亘古不变。原本想借酒消愁,谁料心中愁闷因酒更浓。伤心流泪中和衣而睡,眼泪洇湿枕席,醒来不知是几时。怔怔地细看这件陪伴自己多年的衣裳:绿丝线绣成的莲蓬图案、金丝线绣成的藕叶早已褪色,失去了光泽——时光,最美好的时光,不就是在这些容易被忽视的生活纹理中悄无声息地流逝的吗?天气,依然是以前那种天气,秋风习习,夜凉如水;衣服,也是以前的那件衣服,绿莲蓬、金藕叶,唯一不同的是穿衣人的情怀与心境。

若这首词的确作于刚到青州时,那么让李清照在深夜回想起来五味杂陈、不禁流泪的,必是父亲在官场遭受打击、公公在朋党之争中倒下并离世、丈夫赵明诚因之受到牵连……

老子曰:"祸兮福之所倚,福兮祸之所伏。"赵明诚在政治斗争中无辜受牵连,丢官卸职,在世人看来,是一件万分沮丧的事。可正是因为遭此一劫,他和李清照才有了后面十余年的幸福岁月。

二

意会心谋，目往神授，乐在声色狗马之上

人生就是一个失之东隅、收之桑榆的过程，命运夺走的，会在别处给予补偿。在李清照诗情与坎坷交织的七十余年人生中，青州十余年算是一段黄金期。在此期间，她远离世俗纷扰，与诗书、茗茶和爱侣为伴。而对于丈夫赵明诚来说，这十余年正是他和李清照集中精力致力于金石古籍研究、校勘并整理金石字画、建书库、编书册、录写成书的十余年。若没有这十余年，可能就不会有《金石录》一书。

《金石录》是怎样一部著作呢？李清照在《金石录后序》中做了这样的说明：

> 取上自三代，下迄五季，钟、鼎、甗、鬲、盘、匜、尊、敦之款识，丰碑大碣、显人晦士之事迹，凡见于金石刻者二千卷，皆是正讹谬，去取褒贬，上足以合圣人之道，

下足以订史氏之失者，皆载之，可谓多矣。

上至夏、商、周三代，下至后梁、后唐、后晋、后汉、后周五代，刻录在各种青铜器具上的文字，还有记录在各种石碑上的关于著名人士和山林隐士的种种事迹，总共整理了两千卷，并且校正谬误、筛选品评，内容不仅符合圣人的道德标准，还可以帮助史官修订失误，内容可谓丰富。

除了书籍内容，李清照还记述了赵明诚在收藏、整理金石字画的过程中付出的心血：

余建中辛巳，始归赵氏，时先君作礼部员外郎，丞相时作吏部侍郎，侯年二十一，在太学作学生。赵、李族寒，素贫俭。每朔望谒告出，质衣取半千钱，步入相国寺，市碑文果实归，相对展玩咀嚼，自谓葛天氏之民也。后二年，出仕宦，便有饭疏衣练，穷遐方绝域，尽天下古文奇字之志。……

后屏居乡里十年，仰取俯拾，衣食有余。连守两郡，竭其俸入，以事铅椠。

李清照刚刚嫁给赵明诚的时候，他还是太学生，没有多少钱，经常把衣服当掉换钱，然后从相国寺买回碑文和果实，与李清照一起品鉴；两年后，赵明诚踏上仕途，有了俸禄，但他为实现"穷遐方绝域，尽天下古文奇字之志"，省吃俭用；到了青州后，赵明诚先后担任两个州郡的地方官，所得俸禄几乎全部用于收集金石文物，完成对古籍的校勘与刻写。

关于赵明诚对金石字画的痴迷，李清照借用了四个典故：

自王涯、元载之祸，书画与胡椒无异；长舆、元凯之病，钱癖与传癖何殊。名虽不同，其惑一也。

唐代的王涯痴迷于书画、元载痴迷于财物，最终都招来杀身之祸；晋代的和峤贪恋钱财、杜预痴迷《左传》，在李清照看来，丈夫对金石字画的痴迷跟这几位有得一拼。

鲁迅在他唯一的一篇爱情小说《伤逝》中写过这样一句话：

人必生活着，爱才有所附丽。

小说中的男主人公涓生，迫于生存的压力，以及自我发展的渴望，抛弃了与自己相爱并且将他当作唯一依靠的恋人子君。他的抛弃，成为子君早早离世的一个不可回避的原因。自古及今的一个残酷现实是，玫瑰再芬芳迷人，也抵不过可以果腹的面包。

李清照对功名利禄并无兴趣,也不贪恋纸醉金迷,"虽处忧患困穷,而志不屈"。屏居青州期间,她为自己取号"易安居士",为居所取名"归来堂"。"易安""归来"皆源于陶渊明的《归去来兮辞》——"归来堂"取自题目,"易安"取自其中的一句诗文:"倚南窗以寄傲,审容膝之易安。"不愿为五斗米折腰的陶渊明,主动放弃官职,归园田居,晴耕雨读,以此寄托自己的傲世情怀,也悟出了如何让自己心安、自在生活的事理。李清照也希望能够像自己的精神偶像那样,删繁就简,简单生活,"食去重肉,衣去重采,首无明珠翡翠之饰,室无涂金刺绣之具",将更多的精力和心思放在金石事业上。

浮世繁华三千,不如人间一隅清欢。高级的快乐,绝非取决于物质,而是源于精神世界的丰盈。李清照与赵明诚皆痴迷于金石字画的收藏与鉴赏,这是他们的爱情得以长久的重要保障。

> 尝记崇宁间,有人持徐熙《牡丹图》,求钱二十万。当时虽贵家子弟,求二十万钱,岂易得邪?留信宿,计无所出而还之。夫妇相向惋怅者数日。

某年,有人携南唐著名画家徐熙的《牡丹图》前来,开价二十万。他俩很想将此画收入囊中,奈何想尽办法也没有凑足钱。他们便尽情地欣赏了两天,最后心有不舍地将画作归还给卖家。因为这件事,夫妻俩叹息了很多天。

> 每获一书，即同共校勘，整集签题。得书画彝鼎，亦摩玩舒卷，指摘疵病，夜尽一烛为率。

每每获得一本古籍，夫妻俩便会一起校对、整理；若是书画或者彝、鼎等古玩，更是要挑灯欣赏良久，直到蜡烛燃尽仍意犹未尽。遥想当年一个人"醒时空对烛花红"，如今却是两个人一起勘书赏画。相较于李商隐笔下"共剪西窗烛"的相依相伴，还有赵师秀诗中"闲敲棋子落灯花"的寂寥闲情，此刻的李清照体会到的是伉俪情深的欢愉，与金石之学的情趣。

> 每饭罢，坐归来堂烹茶，指堆积书史，言某事在某书、某卷、第几页、第几行，以中否角胜负，为饮茶先后。中即举杯大笑，至茶倾覆怀中，反不得饮而起。

不管是作诗作词，还是写散文，李清照都擅长借助场景细节与人物的微妙神态描写某种情绪。"举杯大笑""茶倾覆怀"两个动作，生动刻画出两人谈笑风生的模样。

饭毕，李清照和赵明诚静坐归来堂，生炉，煮茶。等待的过程中，他们会玩一个小游戏：指着成堆的书卷，随意说一个典故，看谁先准确说出其出自哪本书的哪卷哪页哪行，赢者先喝茶。李清照熟读诗词歌赋、经史子集,又博闻强记,对文史典故了如指掌,赢家自然总是她。她因为猜中而得意,又因为得意而忘形,一不小心就将茶水倾倒在衣襟上,于是两人一阵狂笑。

这一生活场景,当时觉得寻常,若干年后回想起来,只觉珍贵,也成了文学史上流传千古的经典画面。

清朝词人纳兰性德写词悼念亡妻卢氏,其中有这样的句子:

> 谁念西风独自凉,萧萧黄叶闭疏窗,沉思往事立残阳。
> 被酒莫惊春睡重,赌书消得泼茶香,当时只道是寻常。

字里行间充满鹣鲽情深,而"赌书消得泼茶香"一句,化用的正是李清照与赵明诚赌书泼茶的佳话。

世间声色犬马,无非梦幻泡影。灯红酒绿的喧哗,只能驱散一时的孤独;觥筹交错的热闹,也只是让人短暂忘却寂寞。唯有抵达内心的懂得与柔情,才能带来真正的快乐。

在这世上,爱固然难得,而懂得更为稀缺。一屋、两人、三餐、四季,有书、有茶、有酒,还有情投意合、心有灵犀的爱人,浮生如斯,夫复何求?

三

帘卷西风，人比黄花瘦

人各有志，即便情趣相投的夫妻，在漫长婚姻中也很难做到完全的志同道合。作为文艺女性，李清照只想和心爱之人在乡野安静生活，赌书泼茶，她对这种日子深感满足，以为"意会心谋，目往神授，乐在声色狗马之上"，"甘心老是乡矣"。可赵明诚并不满足于此，他从小酷爱金石文艺，心怀"穷遐方绝域，尽天下古文奇字之志"。为此，他常常外出探访名山、考证碑刻，留李清照独守空房。

大观二年（1108）秋天，赵明诚与友人同游仰天山，并在罗汉洞前题词：

> 余以大观戊子之重阳，与李擢德升同登兹山。

李擢，字德升，是赵明诚的妹婿。

重阳佳节，赵明诚呼朋引伴，登高望远，尽兴游览。李清照独守归来堂，寂寞难遣之际，她提笔濡墨，将眼前所见、心中所感，如同秋天里盛开的蟹爪菊花瓣那样，一丝一丝倾注于纸上：

> 薄雾浓云愁永昼，瑞脑销金兽。佳节又重阳，玉枕纱厨，半夜凉初透。
> 东篱把酒黄昏后，有暗香盈袖。莫道不销魂，帘卷西风，人比黄花瘦。
>
> ——《醉花阴》

清代文人陈廷焯在《云韶集》中这样评价此词：

> 无一字不秀雅。深情苦调，元人词曲往往宗之。

李清照将这首《醉花阴》寄给了在外远游的赵明诚，收到此词的他作何感想？元人伊世珍的《琅嬛记》中有一段相关记载：

> 易安以重阳《醉花阴》词函致明诚。明诚叹赏，自愧弗逮，务欲胜之。一切谢客，忘食忘寝者三日夜，得五十阕，杂易安作，以示友人陆德夫。德夫玩之再三，曰："只三句绝佳。"明诚诘之，答曰："莫道不销魂，帘卷西风，人比

黄花瘦。"正易安作也。

赵明诚收到词作,诵读之后赞叹不已,并且自愧不如。他知道自己的文采不及妻子,却因为好胜心作祟,决意另作一词。为此,他谢绝访客,冥思苦想,废寝忘食了三天三夜,写出五十首词作。他将李清照寄来的那一首混在其中,一并让友人陆德夫赏阅。陆德夫品赏后告诉他,有三句绝佳。赵明诚追问是哪三句,陆德夫答曰:"莫道不销魂,帘卷西风,人比黄花瘦。"正是李清照《醉花阴》中的后三句。

离家在外,每逢传统佳节,最易惹人相思。薄雾弥漫,浓云笼罩,不分昼夜。瑞脑熏香在金兽样的香炉中静静燃烧,香丝袅袅。半夜醒来,玉枕和纱帐微凉,这些细微的改变提醒着人们,秋天快要到了。

夕阳虽美,一个人的黄昏却难以消磨。斟上一盏酒,独自浅酌慢饮。移步窗边,有暗香随风飘来,时隐时现,似有若无。晚风掀起窗帘,菊花已算清瘦,殊不知,赏花人比花更加消瘦。

在情爱表达上,古人向来含蓄委婉,作为婉约派词宗的李清照,更不会将儿女情长直截了当地宣之于口。"帘卷西风,人比黄花瘦",表面看来是在写秋风和风中的人,实则是在写情——离别之情、思念之情,正如柳永《蝶恋花》中的两句:

衣带渐宽终不悔,为伊消得人憔悴。

关于重阳节的唐诗宋词有很多，王维的"独在异乡为异客，每逢佳节倍思亲"，杜牧的"尘世难逢开口笑，菊花须插满头归"，王勃的"九月九日望乡台，他席他乡送客杯"，杜甫的"重阳独酌杯中酒，抱病起登江上台"……假若赵明诚没有出门远游，而是陪伴在李清照身旁，那么即便是落木萧萧的秋天，于他俩而言也会胜过春朝，诗情也可直升云霄。重阳佳节到来时，他俩可以就近择一山头，相伴登高，并肩远眺；归来路上，兴许会遇见一丛漂亮的野菊，如前人诗中所写，赵明诚将采摘的菊花插满李清照的头发，李清照或许会像新婚时那样娇嗔地试问夫君，到底是奴面好看还是菊花好看……现实却是两人异地相隔，渐渐积压于心的寂寥、孤独、落寞、埋怨、委屈，还有无人可诉、无人能懂的幽梦，全都难以消解。

还有这首《木兰花令》：

沉水香消人悄悄，楼上朝来寒料峭。春生南浦水微波，雪满东山风未扫。
金尊莫诉连壶倒，卷起重帘留晚照。为君欲去更凭栏，人意不如山色好。

自从赵明诚离家远行，李清照唯有借酒消愁。一杯一杯复一杯，醉又如何？宁可醉，毋相思。在醉意袭来前，她不忘卷起窗帘，因为只有这样，夕阳才有机会照射进来，给她以陪伴。

郎君已离去，留在家中的人总是登上高楼，凭栏眺望，以此寄托深重思念。栏杆外，山也静好，水也静好，唯有人会辜负深情厚谊，辜负天地山水之间的那份美好。

"人意不如山色好"，这是李清照作为闺妇的幽怨气话，同时也是真情流露。可她究竟是在说，夫君远行，望着那个渐行渐远的背影，因为心有不舍，自己的心情不如山光水色那么美好？还是在说，离去的那个人的心意还不如山水之美带来的慰藉？

不管哪一种，李清照都是一个亲近自然的女子，作为一个自然主义者，春天的海棠、夏天的荷花、秋天的木樨、冬天的蜡梅，不同的时节、不同的花姿，无不是她内心情感投射的对象。

关于凭栏，温庭筠说："梳洗罢，独倚望江楼。过尽千帆皆不是，斜晖脉脉水悠悠。肠断白蘋洲。"南唐李煜说："独自莫凭阑。无限江山。别时容易见时难。流水落花春去也，天上人间。"凭栏、望江，心境总是孤寂萧瑟。"为君欲去更凭栏，人意不如山色好"，无奈且无言，幽怨又忧伤。

独处的寂寥让李清照有更多的空间将心中思念与闲愁写成词，"独抱浓愁无好梦，夜阑犹剪灯花弄"，是她夜半难寐、孤单难抑的写照；"倚遍阑干，只是无情绪"，是她心扉内藏着的千愁万绪；"征鸿过尽，万千心事难寄"，寄托了她的浓浓惦念。

"多情自古伤离别",若没有离别,便没有"人生不相见,动如参与商"的无奈,"相见时难别亦难,东风无力百花残"的感伤,"两情若是久长时,又岂在朝朝暮暮"的期许……若没有离别,很多故事将不足道也。

离怀别苦，欲说还休

第四章

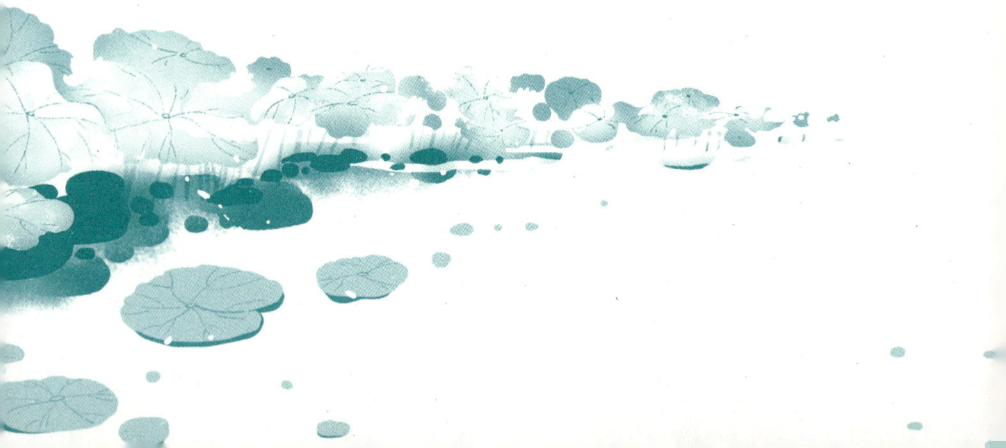

一

生怕离怀别苦，多少事、欲说还休

春花秋月，夏雨冬雪，四季轮回，昼夜交替。如果每一天、每一个季节，相爱的人都在左右，那么不管境遇如何，所在之处皆是桃花源；若是与爱人相隔两地，即便繁华三千，也不过是另一种荒烟蔓草。

一年春事都来几，早过了、三之二。绿暗红嫣浑可事。
绿杨庭院，暖风帘幕，有个人憔悴。
买花载酒长安市，争似家山见桃李？不枉东风吹客泪。
相思难表，梦魂无据，唯有归来是。

李清照的这首《青玉案》（一说为欧阳修所作），写于屏居青州期间。春天还没来的时候，心里充满盼望；等到真正到来，往往又无知无觉。等到桃也红了，柳也绿了，菜花也黄了，才猛然惊觉，春天已经不声不响地过去了三分之二。

京城虽然繁华热闹，可繁华都市里哪有让人赏心悦目的乡野风光？哪能看到桃李芬芳、梨花胜雪？就像陈抟老祖的诗：

> 紫陌纵荣争及睡，朱门虽贵不如贫。……携取旧书归旧隐，野花啼鸟一般春。

在这个世界上，有人上下求索，苦心孤诣，妄图闻达于诸侯；有人看破红尘，随心而为，甘愿小隐于山野。

屏居青州的十余年，是李清照和赵明诚远离世俗纷扰的一个时期。作为生性恬淡、喜爱诗词歌赋、喜欢亲近自然的文艺女子，李清照"甘心老是乡矣"。可是作为男人，赵明诚似乎不甘心像妻子那样，一辈子偏安于乡野一隅。他痴迷于金石之学，有着"穷遐方绝域，尽天下古文奇字"的志向。谁能说，这不是李清照当初倾心于他的一个重要原因？因为赵明诚的个人理想，加上难舍的仕途追求，他俩屏居青州、赌书泼茶的日子注定无法一直持续下去。

新法派的蔡京等人退出政治舞台后，宣和三年（1121），赵明诚被任命为莱州知州。这就意味着，他要离开青州，前往莱州。关于这一阶段的生活，李清照写过一首《凤凰台上忆吹箫》：

> 香冷金猊，被翻红浪，起来慵自梳头。任宝奁尘满，

日上帘钩。生怕离怀别苦，多少事、欲说还休。新来瘦，非干病酒，不是悲秋。

休休。这回去也，千万遍阳关，也则难留。念武陵人远，烟锁秦楼。唯有楼前流水，应念我、终日凝眸。凝眸处，从今又添，一段新愁。

李清照被后世读者称为"三瘦词人"，因为她有三首带有"瘦"字的词作——"知否，知否？应是绿肥红瘦"，是写海棠的瘦；"帘卷西风，人比黄花瘦"，是形容自己消瘦；第三首便是《凤凰台上忆吹箫》："新来瘦，非干病酒，不是悲秋。"

清早起床后，发现香炉里的香已经燃尽，但懒得续上。被褥也懒得折叠整齐，任其随意堆在床头，仿佛红浪翻涌。整个人心慵意懒，连头发都懒于梳理。当年那个"倚门回首，却把青梅嗅"的天真少女，如今安在？那个在新婚之际"斜插云鬓，徒要教郎比并看"的娇羞少妇，又去了哪里？都说"女为悦己者容"，既然"悦己者"不在身旁，又哪有心思梳妆打扮？

一个人房间的状态最能反映出一个人的心境，不妨借助此词看一下李清照这一阶段的房间状态——窗外，太阳已经升得很高；窗内，梳妆镜匣上蒙了一层细尘，就像它的主人一样提不起兴致，拿不出热情，对生活感到意兴阑珊。

爱，是一件需要生命力和意志力的事情。枯坐镜前，怔怔发呆，好像胡乱地想起一些事,又好像什么都没有想。定睛望向镜中,镜中人看起来有点陌生——又瘦了一圈,不是因为生病,也不是因为醉酒,更与伤春悲秋的小情绪无关。只因为心怀思念,所谓"衣带渐宽终不悔,为伊消得人憔悴"。夫君决定出门远行,她不是没有挽留,甚至还唱了很多遍的《阳关三叠》。奈何他去意已决,终究难留。

李清照的记忆力极强,在诗词写作中喜欢运用典故,这首《凤凰台上忆吹箫》就用到了"武陵人远""烟锁秦楼"两个典故。

"武陵人远"说的是南朝文学家刘义庆在志怪小说集《幽明录》中记载的一则故事。汉朝时期,有两个人结伴进山采药,结果迷了路,后遇到两位仙女并受其邀请留了下来,在山间生活了半年多,等他们重回尘世家中时才发现已过六世。

"烟锁秦楼"出自《列仙传》。春秋时期,有个叫萧史的仙人擅长吹箫。秦穆公的女儿弄玉亦酷爱音乐,尤擅吹箫。两人情投意合,结为夫妇,最终骑龙跨凤,相伴而去。

李清照借用这两则典故表达了相同的情绪:因离别而生的思念,因背弃而起的幽怨。故事中的男子最终或是归来,或是与女主人公双宿双飞,现实中的她却与自己的夫君两地相隔。

除了这两个典故,李清照还说了一句:"多少事、欲说还休。"所谓"多少事",究竟是哪些事?那些事又为何欲说还休?这七个字的背后到底有多少不为人知的潜台词?真相早已淹没于历史的浩瀚长河,能够确定的是,那些事肯定不是令人开心的事。但她是爱他的,离别之际，她满心幽怨，却依然顾及对方的感受，生怕他离怀别苦，所以选择了沉默，独自吞下苦与涩。正如歌中唱的："不怕相思苦，只怕你伤痛，怨只怨人在风中，聚散都不由我。"

相比人意，山水与花木更体贴，它们永远在那里，让她感到无助时，能有一个凝望与倾注之处。

但凡凭栏凝眸处，总是心绪凝重时。南唐后主李煜在《浪淘沙》中说："独自莫凭阑。无限江山。别时容易见时难。流水落花春去也，天上人间。"口里说着"莫凭阑"，身体却一遍遍地重登旧楼、一遍遍地抚触旧日栏杆。失国之痛在凭栏眺望的悲寥中升腾，有千言万语，却不知从何说起，只能沉默无语。

唐代诗人温庭筠在《望江南》中写道："梳洗罢，独倚望江楼。过尽千帆皆不是，斜晖脉脉水悠悠。肠断白蘋洲。"早上，梳妆打扮之后，独自登上高楼，倚靠栏杆，久久凝望江上来往的船只。过去一只，过去一只，又过去一只……一天下来，过尽千帆，却没有一只为自己而来。最后映入眼帘的，唯有夕阳斜照在江面的脉脉余晖，唯有悠悠的流水。

李清照的"终日凝眸"更痴情，也更让人觉得无奈。这四个字，描摹出一个有心事的女子整日郁郁寡欢的神态。从前"见客入来，袜刬金钗溜。和羞走"的羞与喜哪儿去了？从前"一面风情深有韵，半笺娇恨寄幽怀"的风情和娇恨怎么消失不见了？青州归来堂那些充满欢声笑语的日子怎么一去不复返了？

整整一天,总在登高凝望,心心念念,若有所期。挥之不去的旧愁,有哪些?新愁又为何而添?凝眸眺望,是对冗长时光的消遣,也是对远游之人的期盼。心里怀着一份期待,虽然让人备受煎熬,到底还有希望。无人可等,无人可念,才是悲哀的开始。

清朝文人陈廷焯评价这首词:

> 此种笔墨,不减耆卿、叔原,而清俊疏朗过之。

在他看来,李清照的这首词不输柳永、晏几道,反而比他俩更加清俊疏朗。

回想政和四年(1114)新秋,碧云天,黄叶地,丹桂飘香,银杏泛黄。一日,赵明诚在李清照的一幅小像上题词:

> 清丽其词,端庄其品,归去来兮,真堪偕隐。

这时候的李清照才三十出头,赵明诚是懂她的,懂她的词作,懂她的性情,也懂她对生活的追求。这份"真堪偕隐"的意愿,让人不禁联想到柳如是与钱谦益这对才子佳人。

南明弘光元年(1645),大明覆灭,清廷掌权,壮志未酬的钱谦益选择北上京城为官,希望借此一展心中抱负,也不枉自觉博学。但是在柳如是看来，此举完全丢失了爱国节操与为人底线，因此写信劝说丈夫：

> 妾以为相公富贵已足，功业已高，正好偕隐林泉，以娱晚景。江南春好，柳丝牵舫，湖镜开颜。相公徜徉于此间，亦得乐趣。妾虽不足比文君、红佛之才之美，藉得追陪杖履，学朝云之侍东坡，了此一生，愿斯足矣。

在柳如是看来，相公钱谦益已经赚取了足够的富贵功名，既然明朝已经灭亡，何不趁此时机与她归隐林泉。如此，既可洁身自好，避开清廷官场，也可领略大好河山的美景。她虽然没有卓文君的才情，也没有红佛的美貌，但至少可以追随前后、陪伴左右，就像王朝云服侍苏东坡那样服侍他。

不管是李清照，还是柳如是，在她们看来，能够与相爱的人远离红尘俗世，远离纷争，一起归园田居，偕隐山泉，寄情于山川河谷，便是最幸福、最知足的人生。遗憾的是，她们的夫君志不在山水，终究让这一神仙眷侣般的生活愿望落了空。

一起屏居青州时，李清照与赵明诚也曾举案齐眉，也曾赏心乐事，也曾对饮绿蚁酒、共剪西窗烛……素年锦时，再回首，赌书泼茶、目传神授的欢愉时光已成为过去。那种犹如葛天氏之民的生活再也无法继续，只剩她一人，独自怅然留恋。

二

静中我乃得至交，乌有先生子虚子

在遇见赵明诚之前，虽然也有过因向往爱情而生的难以消解的闺愁，但是那时心里没有怨。婚后，因为拥有过美好的体验，失去后，便多了怨与恨，"楼上远信谁传？恨绵绵""此情此恨此际，拟托行云，问东君"。

宣和三年（1121），赵明诚被任命为莱州知州，到任后没多久，他就把李清照接到了身边。

> 泪湿罗衣脂粉满。四叠阳关，唱到千千遍。人道山长山又断，潇潇微雨闻孤馆。
> 惜别伤离方寸乱。忘了临行，酒盏深和浅。好把音书凭过雁，东莱不似蓬莱远。
> ——《蝶恋花·昌乐馆寄姊妹》

李清照在前往莱州与丈夫团聚的途中，写下了这首词寄与老家的姊妹。

秋天，一个人出行，孤独的旅程，陌生的驿馆。秋雨潇潇，一阵寂寥袭上心头，不禁想起老家，想起家中的姊妹，涟涟的泪水浸湿了身上的衣服，也溶化了脸上的脂粉。回想离别时姊妹为她饯行，送别的歌曲唱了一遍又一遍，说着山高水长，道着彼此珍重。

送别亲友是唐诗宋词中一个重要的主题。朝雨浥尘，柳枝泛青，王维送别他的朋友元二，想到出了阳关就再难见到故友，再难有意气相投的人与自己饮酒畅聊，忍不住劝对方再饮一杯："劝君更尽一杯酒，西出阳关无故人。"高适送别董大时却说："莫愁前路无知己，天下谁人不识君？"苏轼在送别友人钱穆时更是豁然感叹："人生如逆旅，我亦是行人。"

活到一定年纪才发现，人生就是一场场别离。

这一次，与家人分别，李清照竟乱了分寸，以至于饯行时无心在意——是否有将姊妹的酒杯斟满，自己在礼节上是否有所疏忽。直到出发后，一个人走在路上，才想起这些琐碎。虽然相隔甚远，但是还可以鸿雁传书，以寄相思。毕竟，莱州并非如蓬莱那样遥不可及。与其说李清照这番话语是在安慰姊妹，毋宁说是在自我安慰，离开熟悉的地方，离别熟悉的亲人与姊妹，去往陌生之地，难免觉得孤苦无依。幸好，这份孤苦中带着憧憬和激动，因为有一颗心在远方等她靠近。

想象中，二人团聚后应该沉浸于久别胜新婚的兴奋与喜悦中，可初到莱州的李清照为何写下一首名为《感怀》的七言律诗？

> 宣和辛丑八月十日到莱，独坐一室，平生所见，皆不在目前。几上有礼韵，因信手开之，约以所开为韵作诗。偶得"子"字，因以为韵，作感怀诗云。
> 寒窗败几无书史，公路可怜合至此。
> 青州从事孔方君，终日纷纷喜生事。
> 作诗谢绝聊闭门，燕寝凝香有佳思。
> 静中我乃得至交，乌有先生子虚子。

小序交代了李清照写这首诗的缘起。宣和三年（1121）八月十日，临近中秋，李清照到达了赵明诚任职的莱州。丈夫大概忙于公务，无暇陪伴，她独自一人坐在房中，举目四望，诗书古籍、金石字画都不在眼前，一起游玩、喝酒和打马的姊妹也不在身边，落入孤单境地的李清照只能通过作诗消磨难挨的时光。作什么诗呢？她看到茶几上放着一本《礼韵》，便拿起来随手翻开，决定以第一眼看到的那个字为韵写一首诗。无意中选中了"子"字，稍作沉思后便有了这首《感怀》。

所谓"我手写我心"，很多时候，文字可以反映出书写者的心情与心境。李清照抱着夫妻团聚，从此过上甜蜜生活的念想只身一人来到莱州，不承想，到了这里，面对的是截然相反的现实：举目四望，窗户破败不堪，屋内的茶几也是陈旧的。这也罢了，让她沮丧的是，之前在青州积累下来的书籍，如今一本也没有带在身边。对于爱书之人来说，身边没有一本可供翻阅的书，就像丧失了一座随身携带的避难所。

这番处境让李清照想到三国群雄之一的袁公路。当初，他的根基是何等深厚，他又是何等不可一世，最终却落得个颠沛流离、战败而亡的凄惨结局。原因何在？李清照已然看透，世间纷纷扰扰、明争暗斗，无不是为了金钱、美酒与美色。若想寻得真正的快乐，若想从文艺作品中获得乐趣，就应当弃绝各种名利诱惑，与经史子集、诗词歌赋真心相对，正如明代书画家陈继儒所说："闭门即是深山，读书随处净土。"

相比于物质享乐，李清照更在意精神生活。寒窗败几并不会让她沮丧，真正让她感到失落的是，赵明诚似乎不再是从前那个与自己"意会心谋，目往神授"的爱侣，他转而沉沦于宦海。明明是独自一人枯坐室内，李清照偏偏说自己得了两位知己相伴左右，一位是乌有先生，一位是子虚先生。

乍一看，这好像是李清照对自己当下处境的自嘲，再细品就会发现，自嘲背后有深深的苦情，还有欲说还休的怨气。相隔异地时，因为距离之远而满怀思念；如今虽近在咫尺，却又好似远在天涯，怎能不让人感到气愤，或许还有几丝心寒。

女人在独守空房时,最易胡思乱想。对此,王昌龄写过一首《闺怨》:

> 闺中少妇不知愁,春日凝妆上翠楼。
> 忽见陌头杨柳色,悔教夫婿觅封侯。

春光明媚,梳洗打扮后出门,看到路边杨柳低垂,随微风轻轻摇摆,枝上有鹅黄的新芽长出,女子突然感到后悔,当初真不应该怂恿丈夫谋取功名,以至于现在只能独自欣赏撩人的春色。这真是对大好春光的辜负,也是对美好青春的辜负。

当一个人将精力付诸官场时,也就没有太多心思投入儿女情长了。而女人生来感性,相比于黄金屋,更需要的是陪伴。就算丈夫腰缠万贯、富可敌国,如果缺少用心的相伴,对于大部分女人来说也是不会感到幸福的。

赵明诚虽耽于"孔方君",但他并没有忘记金石之志。这份属于他和李清照的事业,就像一根绳索,在他俩出现矛盾或者嫌隙的时候,只要其中一方稍稍将这根绳索拉动一下,两人就能向同一方向靠拢。

近代藏书家缪荃孙的《云自在龛随笔》中有这样一段摘记:

> 夏首后相经过,遂出乐天书楞严经相示。因上马疾驰

归，与细君共赏。时已二鼓下矣，酒渴甚，烹小龙团，相对展玩，狂喜不支。两见烛跋，犹不欲寐，便下笔为之记。

一天，赵明诚偶遇一份古籍，据说是白居易手书的佛教典籍《楞严经》。对于自小痴迷金石文物的赵明诚而言，与这样珍贵的文物不期而遇，兴奋程度可想而知。可他的第一反应不是独自欣赏，而是"上马疾驰归，与细君共赏"——细君即李清照，他要快马加鞭，飞奔而归，与妻子一起欣赏。

赵明诚重返仕途，少不了结交官场文友，加上环境所迫，很可能与风尘女子推杯换盏、低吟浅唱。但那只是一时的酒肉欢愉，无法产生深层次的交流。能与自己共赏金石字画的，唯有妻子李清照。这于赵明诚而言，算是人生中可遇不可求的幸运；于李清照来说，亦是无可替代的幸福。

李清照与赵明诚被白居易的作品深深吸引，目光停驻许久，赞叹许久，直到二更天。二人一边喝酒一边欣赏，赏玩时间一长，酒也因此喝了不少，以至于感到口渴，于是又烹茶，而且是高档的小龙团茶。好马配好鞍，好茶配好字，而后继续赏玩。他们激动不已，狂喜不迭，不知不觉间两支蜡烛已燃尽，仍旧毫无睡意。

著名作家丰子恺有过这样的观点：

我以为世间人与人的关系，最自然最合理的莫如朋友。

君臣、父子、昆弟、夫妇之情，在十分自然合理的时候都不外乎是一种广义的友谊。

李清照与赵明诚是同甘共苦、风雨同舟的夫妻，也是志同道合的挚友、心有灵犀的知音。虽然有因离别而生的幽愁暗恨，但因为有共同的追求，以及在此之上建立的诚挚友谊，二人得以相依相伴、相扶相持。

三

感月吟风多少事,如今老去无成

因吸取前朝教训,自宋太祖赵匡胤开始,几乎整个北宋时期都在推行偃武修文的治国政策。世上任何事都逃不出过犹不及、物极必反的发展规律,或者说,历史上朝代的兴起与衰落在很大程度上都与"平衡"二字有关。北宋文化高度发达,但长期的重文轻武导致其他方面出现了问题,如军队战斗力低下、官僚机构日益冗杂、财政支出庞大。这些层出不穷的问题,经过日积月累,导致北宋积弱积贫,处于内忧外患之中。内忧,是指难以平息的党派之争和无法消除的阶级矛盾;外患,是指以辽、金为首的北方少数民族的虎视眈眈。对于北方入侵者,统治集团一味消极抵抗,情愿以大量金钱财物换取一时的和平表象。这般苟且妥协,岂非长久之计?

靖康年间,金军攻入北宋都城,烧杀抢掠,无恶不作,宋徽宗、宋钦宗父子及大量皇室成员被俘,史称"靖康之难"。靖康二年(1127),

康王赵构在南京应天府即位,南宋建立。

"靖康耻,犹未雪。臣子恨,何时灭!驾长车,踏破贺兰山缺。壮志饥餐胡虏肉,笑谈渴饮匈奴血。待从头、收拾旧山河,朝天阙。"南宋爱国名将岳飞的这首《满江红》,描写的正是这段屈辱的历史,同时也表达了自己保家卫国的壮志豪情。只可惜,宋高宗赵构在秦桧等人的挑唆下打压主战派,将骁勇善战、一心护国的功臣岳飞杀害,酿成一桩千古冤案。

在时代面前,个人渺小而又无力,只能被滚滚洪流裹挟着向前。时局突变,由不得人,国家危难之际,小家也难以安稳。关于这一时期的变故,《金石录后序》中有相关记述:

> 至靖康丙午岁,侯守淄川,闻金人犯京师,四顾茫然,盈箱溢箧,且恋恋,且怅怅,知其必不为己物矣。建炎丁未春三月,奔太夫人丧南来,既长物不能尽载,乃先去书之重大印本者,又去画之多幅者,又去古器之无款识者,后又去书之监本者、画之平常者、器之重大者。凡屡减去,尚载书十五车。至东海,连舻渡淮,又渡江,至建康。青州故第尚锁书册什物,用屋十余间,期明年春再具舟载之。十二月,金人陷青州,凡所谓十余屋者,已皆为煨烬矣。

靖康元年(1126),赵明诚任职于淄州,听闻金军入侵,一时四顾茫然，不知所措。

国家岌岌可危，自身尚不能得以保全，何况那些"盈箱溢箧"的金石字画！看着一箱箱珍藏品，那些赌书泼茶、谈笑风生的时光，那些目往神授、心领神会的日子，一幕幕在脑海中回旋。想到终将失去它们，怎会不心痛？怎能不感到愤恨？

危难之中，在江宁的李清照的婆婆又去世了，赵明诚不得不马上离开淄州，前往江宁奔丧。他和李清照商量，不如趁此机会将一部分金石字画转移至江宁。看着这些大大小小或轻或重的文物，不论哪一件，都难以舍弃。但迫于现实，又不太可能将它们一次性都载去江宁。权衡之下，只能做出取舍——先把书籍当中分量沉重且体积较大的印本去掉，然后把藏画中重复的部分去掉，又把没有款识的古器去掉，接着又去掉书籍中的国子监刻本、画卷中的平平之作、体积沉重的古器，经过层层筛选，尚有十五车。

按常理说，李清照完全有理由与丈夫一同前往江宁。一则，婆婆去世，她作为儿媳随丈夫奔丧，本在情理之中；二则，金人入侵，他们既已考虑转移文物，说明此处已经不安全。事实却是李清照并没有同行，而是独自回青州故地，看守剩余的数量庞大的文物，并计划明年春天将十余屋藏品转移。但天有不测风云，计划往往赶不上变化。还没等到来年春天，当年十二月，金人就已陷青州，那些没来得及转移的文物全部在战火中化为灰烬。

十余年心血，十余年积累，那些她豁出性命看护的文物，顷刻之间,灰飞烟灭,当时的李清照该是多么无助、多么悲愤、多么绝望!

但是人都会自我安慰,雨季再漫长,总会雨过天晴;黑夜再难挨,黎明也会到来。

> 玉瘦香浓,檀深雪散。今年恨、探梅又晚。江楼楚馆,云闲水远。清昼永、凭栏翠帘低卷。
>
> 坐上客来,尊中酒满。歌声共、水流云断。南枝可插,更须频剪。莫直待、西楼数声羌管。
>
> ——《殢人娇·后庭梅花开有感》

有人认为,这首词作于李清照从青州至南渡期间,也有人认为作于南渡之初。

又是一年冬天,庭院中,梅花已经盛开。凝望那一树花姿清秀、香味芳馨的蜡梅,心中又生恨意——恨时光太匆匆,恨岁月总无情,以至于在不知不觉中又错过了一年花期……

凝视一件物品时容易让人陷入遐思与遥想。李清照望着眼前盛开的梅花,想到自己的生活中也曾人来人往、歌声与共、美酒酣畅……梅花一年年地开,也一年年地败,要抓紧在它们开得最好的时候,采摘下来插入瓶中。"有花堪折直须折,莫待无花空折枝",既是直白的劝慰,也是随缘的豁达。

这种对自我的劝慰,常出现于李清照后期的创作中。

寒日萧萧上锁窗,梧桐应恨夜来霜。酒阑更喜团茶苦,梦断偏宜瑞脑香。

秋已尽,日犹长,仲宣怀远更凄凉。不如随分尊前醉,莫负东篱菊蕊黄。

——《鹧鸪天》

梧桐的大叶子在萧瑟秋风中飞舞盘旋,夜晚的寒霜更是让人生出不明所以的恨意。酒后品茶,如今喜欢品微苦的团茶,因为苦涩的滋味更加契合当下的心境。又是做梦,又是梦中惊醒,瑞脑香兀自袅袅升起。

秋去冬来,按理说,白天变短,黑暗更长。可是在李清照看来,白天仍然漫长,难以打发。快乐让时间变得飞快易逝,伤悲却使岁月显得缓慢难熬。漂泊他乡,李清照不禁想到东汉文学家王粲,他同样少有才名,避难于荆州,投靠刘表,壮志难酬,还乡心切,登楼远眺写下《登楼赋》。那种漂泊无依的乡愁,李清照如今已能感同身受。念及此,眼前的秋色也好,自身的处境也罢,都显得分外凄凉。凄凉又如何呢?与其庸人自扰,不如痛饮美酒,借酒消愁。且把酒东篱,也算不辜负雪清玉瘦、无限依依的秋菊了。

由艰辛经历中生出的感悟,从苦难往事中炼出的轻盈,大气疏阔之后的玲珑剔透,山重水复之后的柳暗花明,惊涛骇浪之后的恬淡静谧，更珍贵难得。

虚云法师有一首佛偈：

> 烫着手，打碎杯，家破人亡语难开。
> 春到花香处处秀，山河大地是如来。

春来花香固然美，山河大地固然无处不可修行，但若经历了烫手、打碎杯、家破人亡，再低头看花、仰头望云，心中依然能生出欢喜，便是活出了境界。人生的价值不在于长度，而在于宽度和厚度。前者源于经历，后者来自思考，始终沉浸于甜蜜的人生终究显得浅薄。

纵观李清照一生，她也曾在"忧患得失，何其多也"中反复煎熬，品尝过担惊受怕、闲愁幽怨的滋味，最终悟到了"有有必有无，有聚必有散，乃理之常"的道理。之前放不下的也放下了，舍不得的也舍得了。否则，又能如何？

建炎二年（1128）春，李清照抵达江宁；九月，因时局动荡，各个地方的管理人员异常紧缺，之前在莱州淄州等地担任过官职、积累了一定经验的赵明诚，在居丧还未满的情况下被任命为江宁知府。按常理说，历经战乱、死里逃生的夫妻终于团聚，无论如何是一件值得高兴和欣慰的事。事实又如何呢？

李清照来到江宁后，接连写了两首《临江仙》，字里行间流露出复杂情绪。

> 欧阳公作《蝶恋花》,有"庭院深深深几许"之句,予酷爱之,用其语作"庭院深深"数阕。其声盖即旧《临江仙》也。
> 庭院深深深几许?云窗雾阁常扃。柳梢梅萼渐分明。春归秣陵树,人老建康城。
> 感月吟风多少事,如今老去无成。谁怜憔悴更凋零。试灯无意思,踏雪没心情。

在序言部分,李清照做了交代,她十分喜爱文坛前辈欧阳修词作《蝶恋花》中的"庭院深深深几许",因此借用这句作了几首词。

欧阳修在《蝶恋花》中写道:

> 庭院深深深几许?杨柳堆烟,帘幕无重数。

三言两语,写尽春景之盛、幽闺之深。

唐诗与宋词的不同之处在于,前者偏重事,后者偏重情。诗通常描述一件具体的事情或者一处景致,借此表达由事或景产生的情感。唐诗是具象的、具体的、明明白白的,就像条分缕析的工笔画。词是抽象的、模糊的、朦朦胧胧的,更像写意画,通常没有完整的叙事,描写的对象是人物情绪,对山川河谷、花草树木的描摹也是为了满足人物抒怀的需要。

循着李清照的目光望去,她所置身的庭院,曲径通幽,一重一重又一重。"深深深几许",三个叠加的"深"字,营造出幽深静谧的气氛,更烘托出居住在庭院中的人内心的孤寂。

正如《牡丹亭》中杜丽娘所吟:"不到园林,怎知春色如许!"李清照置身于天地自然中,目之所及,万物复苏,杨柳返青,梅花吐蕊,种种迹象都在提醒她,春天再次来到人间,当然也再次来到江宁。春风又绿江南岸,唯有人事无法回到从前,也许终将在异乡老去。

想到故土已被金人侵占,家乡已经沦陷,自己与丈夫花费多年精力与积蓄收藏整理的文物古籍大多毁于战火,那些吟风颂月、把酒对盏、在烛下甄选文物勘校古籍的时光,亦随一江春水向东流去,她不禁感叹:"感月吟风多少事,如今老去无成。"

李清照已近知命之年,却一事无成,容颜又似花一样在雨打风吹中凋零。可花朵今年谢了明年还会再开,女人这朵花的花期一生唯有一次。想到这里,悲伤涌上心头,元宵节赏灯也好,踏雪游玩也罢,都没了兴致。

庭院深深深几许?云窗雾阁春迟。为谁憔悴损芳姿?夜来清梦好,应是发南枝。

玉瘦檀轻无限恨,南楼羌管休吹。浓香吹尽有谁知。暖风迟日也,别到杏花时。

庭院深邃寂寥，云窗雾气缭绕。心里，摇曳着昨夜的清梦；窗外，横斜着欲开未开的梅枝。期期艾艾盼着春光，春光却姗姗来迟；冷冷清清等着良人，良人偏偏迟迟不归。心上放不下、化不开的思念，让她的容颜日渐憔悴。人如花，花似人，怜取眼前花，便是怜惜赏花人。所以她说，南楼的羌笛不要再吹奏哀怨的曲调了，春天的暖风啊，请慢慢吹拂，勿让光阴一下子来到杏花春雨时。

在李清照心里，世间繁花，梅最珍贵。两首《临江仙》都写到梅花的绽放与凋零，以及自己容颜的憔悴。她劝告那不知从何处传来的羌笛之声不要自顾自地吹奏，唯恐心爱的梅花还没来得及绽放，就要被吹得零落成泥碾作尘；春天的暖风也别急着来，杏花盛开之前，请给梅花留些时间吧！

诗言情，歌咏志，一切景语皆情语。李清照远离故土，身处异乡，代表战火的羌笛之音成了她词作中的新意象。春天即将到来，她为梅花凋零暗自担心、为容颜憔悴而伤感，可是谁又能说，她没有为祖国山河的动荡而忧虑？

> 永夜恹恹欢意少，空梦长安，认取长安道。为报今年春色好，花光月影宜相照。
>
> 随意杯盘虽草草，酒美梅酸，恰称人怀抱。醉莫插花花莫笑，可怜春似人将老。

李清照的这首《蝶恋花·上巳召亲族》，作于客居江宁期间的一个上巳节。

春色像往年一样好，花光月影也如常，但这并未给李清照带来欢乐，她因故国之思而郁郁寡欢。一旦心有挂碍，便会意兴阑珊。杯盘草草，酒美梅酸，她在微醉之后尝试着将花朵插在鬓角。当年，"云鬟斜簪，徒要教郎比并看"，如今却是"可怜春似人将老"。

"最是人间留不住，朱颜辞镜花辞树"，无法逃避，又无可奈何。

四

吹箫人去玉楼空，肠断与谁同倚

建炎三年（1129）春，赵明诚辞去江宁知府之职——这是好听的说法，说得难听点，他根本就是临阵脱逃。作为出身显贵、情趣高雅的书生，这大概是赵明诚人生中最大的一个污点。

当时的情况是这样的：驻扎在江宁的御营统制官王亦企图发动兵变，转运副使李谟及时获知了这一消息，并马上通知了知府赵明诚。那么，赵明诚是如何应对的呢？

紧急关头，人性的弱点在赵明诚身上占了上风，明知兵变会给百姓造成家破人亡的悲剧，他还是选择了逃避。《建炎以来系年要录》中用"缒城宵遁"四个字描述赵明诚弃城而逃的狼狈情形——借助绳索，翻越城墙，趁着夜色逃走。

对于丈夫这种不太光彩，甚至可耻的行为，李清照做何反应，又是怎样评价的呢？在留存下来的李清照的诗文中，似乎找不到相关信息。要知道，个性直爽、是非分明的李清照，在少女时代就能以酣畅淋漓的笔墨表达自己对历史兴衰的见解，还在《词论》中直言不讳地指出苏轼、秦观等文坛大家的各种不足之处，那么为何到了自己丈夫这里，就对他的是非曲直避而不谈了呢？

有文学评论家认为，李清照的思想固然有超越时代的一面，但作为一个生活在封建社会的女性，终究不能完全摆脱封建意识。夫妻同林，荣辱与共，不能跳出去站在局外人的立场批判自己的丈夫，这是人性，也是人之常情。

虽然李清照对此事持保留态度，但对于丈夫临阵逃脱、苟且偷生的行为想必是深感失望的。离开江宁西行至乌江时，她作了一首《夏日绝句》：

> 生当作人杰，死亦为鬼雄。
> 至今思项羽，不肯过江东。

山河动荡，人力难为，李清照不禁遥想——当年，项羽兵败，自觉无颜面见江东父老，选择在垓下自杀。在她看来，这才是大丈夫应有的样子，宁可玉碎，不为瓦全。作为婉约派词宗，李清照亦具有豪放雄健的文风；身为一介女流，她也有着忠烈风骨。

赵明诚一行人到达池阳时，传来了命赵明诚前往湖州任职的意旨。

于是，他将家人暂时安顿于池阳，只身前往京城面圣。

临别那天的情形，包括丈夫的神态举止、他说的话、他穿的衣服，很多年后，李清照都记得一清二楚。

> 六月十三日，始负担舍舟，坐岸上，葛衣岸巾，精神如虎，目光烂烂射人，望舟中告别。余意甚恶，呼曰："如传闻城中缓急，奈何？"戟手遥应曰："从众。必不得已，先去辎重，次衣被，次书册卷轴，次古器。独所谓宗器者，可自负抱，与身俱存亡，勿忘之！"遂驰马去。

那天，赵明诚穿的是一件夏布衣裳，扎着头巾，精神健朗，目光炯炯如虎。世道险恶，路途艰辛，想到赵明诚马上要离自己而去，李清照的内心一片灰暗。陌生之地，叫她一个弱女子如何是好？万一遇到紧急情况，随身带着的文物该怎么处理？站在岸边、与自己渐渐拉开距离的丈夫举起手，叮嘱她道："如果情况危急，就随同众人吧。迫不得已的时候，先舍弃辎重，再舍衣被，然后是画册和古器。但是宗庙祭祀的种种器具务必抱在怀中，若无路可走，也只能与其共存亡。切勿忘记！"作为丈夫，亲口对妻子说出这些话，是多么残忍，又多么无奈！那一刻，他们似乎都做了最坏的打算——人生无常，聚散如风，这也许是最后的告别。

现实并没有预想得那么糟糕,因为这并非最后一次告别。
现实也比预想得更糟糕,因为他们很快便面临生离死别。
池阳一别后,不过月余,李清照和赵明诚就再次见面了。

> 途中奔驰,冒大暑,感疾,至行在,病疟。七月末,书报卧病。余惊怛,念侯性素急,奈何!病疟或热,必服寒药,疾可忧。遂解舟下,一日夜行三百里。比至,果大服柴胡、黄芩药,疟且痢,病危在膏肓。余悲泣,仓皇不忍问后事。

听闻赵明诚身患疟疾,卧病在床,李清照只想日夜兼程,尽快赶到丈夫身边。因为她太清楚丈夫的脾气了,遇事性急,为了解决问题只求速效而不计后果。如若发烧,按照他的脾气,极有可能服用凉性药物以求降温,而这种做法只会让病情更加严重。以为未必如自己所料,结果恰恰如她所料——赵明诚服用了柴胡、黄芩等凉性药物,已危在旦夕。

一个多月前,池阳分别,丈夫还"精神如虎,目光烂烂射人";谁料一个多月后,他就已病入膏肓。建炎三年(1129)八月十八日,对于李清照来说,是一个想忘却又难以忘却的日子。此时,赵明诚已经无法起床,他叫人取来纸笔,写下遗嘱。关于遗嘱内容,《金石录后序》中一笔带过:

> 取笔作诗，绝笔而终，殊无分香卖履之意。

这里涉及一个典故——分香卖履，出自曹操在病危之际写下的《遗令》：

> 吾婢妾与伎人皆勤苦，使著铜雀台，善待之。于台堂上安六尺床，施繐帐，朝晡上脯糒之属，月旦十五日，自朝至午，辄向帐中作伎乐。汝等时时登铜雀台，望吾西陵墓田。余香可分与诸夫人，不命祭。诸舍中无所为，可学作组履卖也。

在生命即将结束的时候，曹操对家中婢妾、伎人等都做出了妥善的安排，嘱托后人安排她们居住在铜雀台；还将余下的香分给各妇人，告诉她们不必用于祭祀，如果无事可做，可以学习编鞋，以卖鞋为生。因此，"分香卖履"常被用来指代临死之人对各房妻妾子女做出安排。

李清照既然在《金石录后序》中借用了这个典故，那就说明赵明诚很可能另有妾室。

封建社会，纳妾实属正常。唐代大文人白居易有樊素与小蛮，并且为她俩写下"樱桃樊素口，杨柳小蛮腰"这样的诗句。宋朝时，文人士大夫纳妾之举蔚然成风，很多官员在家中私养婢妾，比如宰相韩琦就蓄养了二十多个歌妓,欧阳修亦蓄养歌妓八九人,大学士苏轼也未能免俗,史书上说他"有歌舞妓数人"。有些酒肆、驿馆也蓄养歌妓,以陪客人喝酒娱乐。社会风气影响下,身在仕途的赵明诚很有可能不能免俗;加上他外出做官,与李清照两地分居,在官府中蓄养侍妾,也在情理之中。

可世上有几个女子能够坦然大度地接受丈夫纳妾?怎样的女子愿意与别人分享同一个男人的爱?《浮生六记》中的芸娘,被林语堂称为"中国文学史上最可爱的女人"。她的特别与可爱,除了因为温柔、贤惠、富有生活情趣,还在于她会主动为丈夫物色,甚至鼓励他纳妾。想必拥有极高的文学素养、深爱着丈夫的李清照,是难以忍受与其他女性共侍一夫的。这般看来,诸如"应念我、终日凝眸""征鸿过尽,万千心事难寄"等含有幽怨的词作也便更好理解了。

自古以来,李清照与赵明诚的结合都被视为文坛佳话。但一桩婚姻究竟如何,恰如人饮水,冷暖自知。世上没有完美的人,又岂会存在无瑕的婚姻?

早在青州时,李清照与赵明诚就已暗生龃龉。随着收集的书籍文物的逐渐增多,管理也越来越规范化,两人对待金石文物的态度也不再似从前那般随意从容。如果谁不小心弄脏了书籍,定会被责令揩拭干净。对于这种态度的改变,李清照说了这样一句话:

不复向时之坦夷也。

可以想象，金石事业渐成规模，对于他俩来说，尤其是于赵明诚而言，是非常不容易的。但任何事情都有两面性，一件珍贵的物品也好，一份难能可贵的感情也罢，一旦分外在意，便会患得患失，因这件物品或者感情产生的快乐就会受到影响。

此外，作家木心在《文学回忆录》中表达过这样一个观点：

李清照才高于丈夫太多，还是寂寞的。

论学识修养，论思想深度，赵明诚与李清照都不在一个层面，更高的那个人有时会因为不被理解而感到寂寞，而低的那个人同样觉得痛苦。

对此，《清波杂志》中有这样一段记载：

顷见易安族人言，明诚在建康日，易安每值天大雪，即顶笠披蓑，循城远览以寻诗，得句必邀其夫赓和，明诚每苦之也。

李氏家族中有人传言，赵明诚在建康担任知府期间，李清照追随其左右。每逢大雪天，她都要戴上斗笠、穿上蓑衣，登高赏雪，寻觅灵感，兴致颇浓，作出诗句后，还会邀请赵明诚唱和。这种时候，赵明诚的反应是怎样的呢？"苦之也"。

李清照乐在其中的雅事，却让赵明诚感到苦恼。为何苦恼呢？无非因为写诗作词的能力与兴致不及妻子，从而觉得力不从心。

从世俗的角度看，李清照与赵明诚婚姻中最大的遗憾，应该是二人结婚多年，没有生育一儿半女，史书中找不到他俩留有子嗣的一鳞半爪。究竟因为什么呢？真相早已淹没于历史长河，无从知晓。不过在"不孝有三，无后为大"的封建社会，李清照承受的指责和压力可想而知。

幽怨也好，欢情也罢，转眼之间，纷纷幻灭。人生，不过一场由各种可能串联而成的无常之旅，在这趟旅程中，鲜少有人能够从一而终、并肩携手、分毫无差地走到终点。对于李清照来说，赵明诚只能陪伴她到此了。这一年，赵明诚四十九岁，李清照四十六岁。

> 白日正中，叹庞翁之机捷；坚城自堕，怜杞妇之悲深。

这是李清照为丈夫赵明诚所写祭文中的两句，其中涉及"白日正中""坚城自堕"两个典故。

"白日正中"说的是唐代著名禅师庞居士与其女儿灵照参禅入灭的故事。庞居士入灭之前，让女儿灵照出门看一下太阳已升至何处。灵照回来说太阳已至正中,略有侵蚀。庞居士亲自出门观望,灵照趁机,先于父亲入灭。李清照借用这一典故是想表明,丈夫先于自己去世,逝者长已矣,活着的人却要忍着悲痛继续活下去。换个角度看,对于赵明诚而言,这或许不算坏事。感情深笃的夫妻,总有一个人要先走,而走在前面的人是幸运的。

"坚城自堕"讲的是春秋战国时期的一则故事。齐国攻打莒国,齐国大夫杞梁战死,他的夫人痛哭不已,莒城为此倒塌。李清照借用这一典故,是为了表达失去丈夫的悲伤之情。

有人说,生活幸福的人写不了东西,文艺创作在很大程度上是痛苦的产物,因为心不平则鸣。

台湾音乐人黄舒骏也曾说:"恋爱可以让你写一首歌,但失恋可以让你写十首歌。"

赵明诚去世后,李清照的创作达到了一个高峰,只是这一时间的作品逃脱不了悲伤沉郁的格调。

> 帘外五更风,吹梦无踪。画楼重上与谁同?记得玉钗斜拨火,宝篆成空。
>
> 回首紫金峰,雨润烟浓。一江春浪醉醒中。留得罗襟前日泪,弹与征鸿。
>
> ——《浪淘沙》

对于李清照这首悼亡词,清朝著名词人陈廷焯评价道:

凄艳不忍卒读,情词凄绝,多少血泪!

幸福的人不失眠,无忧的人不早醒。国破家亡,夫君离世,李清照经常夜半梦断,醒来之后更是无心睡眠。窗外的天依然昏暗,呼啸的风将残梦吹散,沉郁的基调让人联想起南唐后主的那首怀旧之作:

帘外雨潺潺,春意阑珊。罗衾不耐五更寒。梦里不知身是客,一晌贪欢。

李清照首先想到的是登上画楼,凭栏远眺也好,点灯阅卷也可,只是如今已无人相伴左右,更无人与她互诉衷肠。正如李煜所言:"独自莫凭阑。"往事一幕幕,悉数浮现——青州十余年,宁静的夜晚,两人同坐归来堂,烹水煮茶,荧荧烛光下,或共校史书,或谈笑风生。欢乐的时光转瞬即逝,烛火静静燃烧,眼看快要熄灭,不得不拔下发间的钗子拨弄暗下去的烛芯……如今这一切,都像香炉中的香,燃尽,烟灭,万事成空。

心头事,自萦绕,剪不断,理还乱。眺望远处紫金山,山头水汽蒸腾,烟绕雾缭。那些为国破家亡、痛失亲人而流的泪沾留衣襟上,该如何拭去？或许可以等到大雁南飞时，用力将泪水弹出，让这些鸟将悲伤带去远方。

同一时期，意境相同的文字，还有《孤雁儿》：

藤床纸帐朝眠起，说不尽、无佳思。沉香烟断玉炉寒，伴我情怀如水。笛声三弄，梅心惊破，多少春情意。

小风疏雨萧萧地，又催下、千行泪。吹箫人去玉楼空，肠断与谁同倚？一枝折得，人间天上，没个人堪寄。

通读李清照词集会发现，她一直是一个睡眠质量不怎么好的人。有时难以入睡，"醒时空对烛花红"；有时梦断愁浓，很早就醒来——心思太重的人才会如此。

这首《孤雁儿》前有段序言：

世人作梅词，下笔便俗。予试作一篇，乃知前言不妄耳。

世人作的那些有关梅的诗词，皆流于俗套，入不了李清照的法眼，即便她自己作的，也未必让她满意。李清照就是这样直接坦荡，以至于让人觉得有几分狂妄。

写的是梅，真正想表达的是梅花之外的东西。

早上刚起,便觉意兴阑珊,胸中充斥着欲说还休的苦闷与哀愁。屋内寂寥无声,只有那将要燃尽的沉香、始终冰冷的香炉,陪伴着心如止水的她。偏偏在这个时候,远处传来一阵悠远凄婉的笛声,是她再熟悉不过的《梅花三弄》。正如杜甫的诗:"感时花溅泪,恨别鸟惊心。"这本就属于离别的曲调,更让李清照心惊。

夜里刮过风、飘过雨,触景生情,不禁一个人枯坐一隅,黯然淌泪。回想年少时,面对一样的风、一样的雨,写出"昨夜雨疏风骤,浓睡不消残酒。试问卷帘人,却道海棠依旧"这样的词。虽也伤愁,却是少不更事的惜春。时过境迁,经历了国破、丧夫之后,她才真正品尝到天凉好个秋。曾经一起在树下吹箫的人已经不在,就算伤心至肝肠寸断,又有谁来安慰?又有谁的肩膀可以依靠呢?眼下又是梅花开放的季节,随便折下一枝,想效仿古人寄梅抒情。然而,逝者长已矣,手中的梅花又能寄给谁?

南朝诗人陆凯曾将江南的梅花摘折下来,让驿使带给北方的友人范晔,并作诗一首:

折梅逢驿使,寄与陇头人。
江南无所有,聊赠一枝春。

一枝春,即梅花。给远方的友人寄一枝梅花,是借着梅花的幽幽暗香,带去自己的思念和祝福。李清照借用这一典故,亦抒发了她对赵明诚的思念之情。

> 梦断漏悄，愁浓酒恼。宝枕生寒，翠屏向晓。门外谁扫残红？夜来风。
> 玉箫声断人何处？春又去，忍把归期负。此情此恨此际，拟托行云，问东君。
>
> ——《怨王孙》

斯人已逝，留下伊人借酒消愁独憔悴。春去秋来，曾经"月移花影约重来"，如今却是玉箫声断，"忍把归期负"。人世间最痛苦的事，莫过于生离死别。

生离，至少是带着希望的煎熬；死别，却是万劫不复。

世事茫茫，余生漫漫，她该何去何从？

乱世流离,满衣清泪

第五章

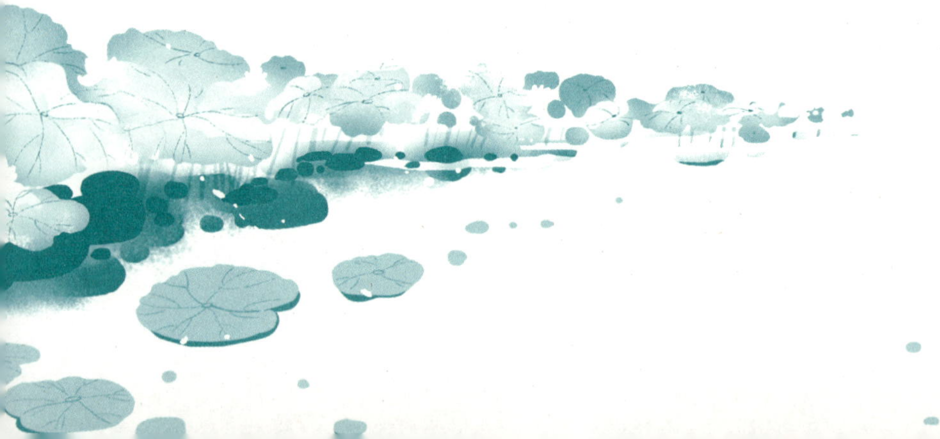

一

三十四年之间，忧患得失，何其多也

孤苦无依、孑然一身的李清照，既要躲避战乱，保住自己的性命，又要想方设法保全自己和赵明诚耗费半生心血和财力收集、珍藏的金石文物。现世不再安稳，岁月不再静好，对于一个女子来说，逃难的艰辛、途中的无助，可想而知，内心再强大的人恐怕也无法承受这样的变故。

病起萧萧两鬓华，卧看残月上窗纱。豆蔻连梢煮熟水，莫分茶。

枕上诗词闲处好，门前风景雨来佳。终日向人多蕴藉，木樨花。

——《山花子》

丧夫之痛、颠沛之苦，让人到中年的李清照遭受了身心的双重打击，她因此大病一场，"仅存喘息"。所幸，她熬过了这一劫，"病起萧萧两鬓华"。很多人在经历巨大的悲痛后会一夜白头，年华老去，顷刻之间。

大病初愈的夜里，李清照躺在床上，透过窗纱，遥望夜空那一弯残月。残月皎皎，让人无心睡眠。因为身体欠佳，还是饮用豆蔻煎煮的汤水为宜，更何况那个能够与自己品诗论词、赌书泼茶的人已经不在身边。一个人喝茶，冷冷清清，有何情趣可言？反倒容易勾起伤心的往事。

月，还是那一钩月；书，还是那两本书，但现实世界已物是人非。"枕上诗词闲处好，门前风景雨来佳"，以前总以为这两句诗云淡风轻、水波不兴，写的是一个人的闲情逸致。却没有想到，这样一份"闲处好"，这样一种"雨来佳"，竟获于死之别、失之痛之后。这样的好与佳，该是在怎样的苦境中寻觅清欢获得的领悟？

喝茶、翻书的空当，李清照站到门口，看木樨花在风中摇曳、在雨中静默。世道沧桑，变化由不得人，给人带来慰藉的似乎只有眼前这株木樨花。木樨花，即秋天的桂花。秋雨绵绵，丹桂飘香，世事再艰难，喜欢亲近自然、心思细腻又敏感的李清照仍能从花木中寻得一丝安慰。这是命运对诗人意味深长的馈赠。

李清照爱花，并不以花姿论好恶，她注重的是花之品格。在人生秋雨连绵的时节，默默带来安慰的木樨花深刻地映在她的眼帘。不争夺，不攀比，不流连，以一种低调疏离的姿态退至安静一隅，其内敛与高洁，在百花之中堪称一流，连梅花都要嫉妒，菊花也心生羞愧。

花花世界，其实和人一样，各有各的品性，各有各的格调。淡泊名利的陶渊明，酷爱"耐寒唯有东篱菊，金粟初开晓更清"的菊花；身处繁华盛世的唐人，偏爱"竟夸天下无双艳，独占人间第一香"的牡丹；理学鼻祖周敦颐，独爱"出淤泥而不染，濯清涟而不妖"的莲花……人有百样，花有千姿。喜欢怎样的花草，就是怎样的人。

杜甫有诗云："死别已吞声，生别常恻恻。"至亲离世，不管如何悲痛，活着的人还是要面对逃脱不了的现实问题。对于李清照来说，第一个问题是她该何去何从。丈夫已然离去，没有留下子嗣，加之金兵入侵，独身一人的弱女子，今后的路该如何走？那一刻的茫然无措，正如她在《金石录后序》中所写：

葬毕，余无所之。

第二个问题自然是关于金石文物。青州大乱时，存于十多间屋子的文物毁于一旦，只剩带去江宁的十五车。在李清照看来，这些幸存下来的文物比她的命还要珍贵；况且赵明诚曾叮嘱她："所谓宗器者，可自负抱，与身俱存亡，勿忘之！"

斯人已逝，嘱咐言犹在耳，该如何妥善保管这批剩下的文物呢？

李清照想到一个人——赵明诚的妹夫，他当时任兵部侍郎，在洪州负责保护皇室安全。乱世之秋，想必皇室所在之地应该比其他地方安全吧？况且又有亲戚给予照看。于是，李清照委派赵明诚的两位部下，将文物送至洪州。

> 时犹有书二万卷，金石刻二千卷，器皿、茵褥，可待百客，他长物称是。余又大病，仅存喘息。事势日迫，念侯有妹婿任兵部侍郎，从卫在洪州，遂遣二故吏，先部送行李往投之。

本以为如此便可无忧，谁料同年十一月，金军便攻陷了洪州。宋高宗带着手下臣子逃往别地，李清照托人运去的文物全部遗失。这是怎样沉痛的打击啊！不仅如此，之前打算用船只运送的书籍也不知沦落何处，最终只剩下"少轻小卷轴、书帖，写本李、杜、韩、柳集，《世说》《盐铁论》，汉、唐石刻副本数十轴，三代鼎鼐十数事，南唐写本书数箧"。

经此惨痛的教训，李清照再也不敢将所剩文物托付别人保管。世事无常，靠得住的唯有自己。在疾病缠身的日子里，能够随时翻阅、欣赏这些珍贵古籍，也是一种慰藉。

根据当时的形势，长江上游是不能去了，金军下一步将进犯何处，谁也说不清。前路茫茫，该何去何从？李清照想到弟弟李迒，他是朝廷命官，负责收集整理皇帝诏令。经过一番深思熟虑，李清照决定前往投靠。为尽快追上朝廷部队，她不得不舍弃一些衣被。一路紧赶慢赶、兜兜转转，可还未找到官军，就发生了两件意想不到的事。

第一件说来话长，可以结合《金石录后序》来看：

> 先侯疾亟时，有张飞卿学士，携玉壶过视侯，便携去，其实珉也。不知何人传道，遂妄言有"颁金"之语，或传亦有密论列者。余大惶怖，不敢言，亦不敢遂已，尽将家中所有铜器等物，欲赴外廷投进。到越，已移幸四明，不敢留家中，并写本书寄剡。后官军收叛卒，取去，闻尽入故李将军家。

赵明诚病重期间，有一个叫张飞卿的学士前来探望，还带来一只玉壶请赵明诚帮忙鉴别，离开时又将玉壶带了回去。结果有人借此事大做文章，造谣诬陷赵明诚，说他将玉壶献给了金人。此举涉嫌通敌，让李清照很是不安，她不敢说话，唯恐越描越黑，又不愿听之任之。该如何是好呢？考虑之下，她决定将家中仅存的青铜器献出来。可当她赶到越州时，皇帝已移陛明州。为表清白，李清照不敢将这些东西继续留在身边，而是寄放在了官府，后来听说这批文物全被一李姓将军收入府中。

虚惊一场，折腾一场，文物又丢失了一部分，只剩下五六箱书画砚墨。李清照将它们藏在床底，时时查看，以为如此就能万事大吉。谁料即便如此，仍有人打这些书画砚墨的主意！

> 在会稽，卜居土民钟氏舍，忽一夕，穴壁负五簏去。余悲恸不得活，重立赏收赎。后二日，邻人钟复皓出十八轴求赏，故知其盗不远矣。万计求之，其余遂牢不可出。今知尽为吴说运使贱价得之。

李清照逃亡途经会稽，借住在当地一位钟姓人家。一天夜里，居然有人在墙角挖洞，偷去五箱文物。李清照悲痛万分，不惜重金悬赏。两天后，钟姓邻人带着十八轴书画前来求赏。她愤慨不已，却也因失而复得欣喜。遗憾的是，不管她怎么央求，对方都不肯将剩余的部分拿出来。多年后她才得知其中实情——邻人不肯拿出来的那部分文物，已被转运使吴说贱价收购。

或许，正是因为这些不幸的遭遇让李清照深切意识到，世事动荡，人心险恶，逃亡途中很难保护好自己，更没有足够的能力保全这些文物，她才会在赵明诚去世三年后考虑再找一个人。建立于爱情之上的婚姻，是千里共婵娟，是曾经沧海难为水；为解决现实问题而组建的家庭，本质上更像抱团取暖，无所谓心心相印，更无所谓情投意合。

人生是一个不断得到又不断失去的过程,经此种种,"所谓岿然独存者,乃十去其七八。所有一二残零不成部帙书册,三数种平平书帖",大半生好像白忙活了一场。仔细想想,人能留住的又有哪些呢?

《庄子·大宗师》中载:

> 夫藏舟于壑,藏山于泽,谓之固矣!然而夜半有力者负之而走,昧者不知也。藏小大有宜,犹有所遁。若夫藏天下于天下而不得所遁,是恒物之大情也。

把船藏在山谷,把山谷藏在深泽,这样就牢不可破了吗?非也!假如有人力大无穷,能够将整座山背起来偷走呢?于是庄子提出了"藏天下于天下"的想法,不论个人物品,还是江山社稷,一旦生了占有的私心,终将失去。

人生风雨路,跌跌撞撞,李清照看透了得失,她说:

> 三十四年之间,忧患得失,何其多也!然有有必有无,有聚必有散,乃理之常;人亡弓,人得之,又胡足道。

年轻的时候,为一个人一意孤行,为一件事义无反顾,拥有时,患得患失;失去了,痛心疾首。阅历渐增,心境也随之改变,慢慢就会明白,这世上没有一样东西能够永远属于自己。既如此,又何必过分执着于一物一情？这除了是无可奈何下的自我安慰，更是历经沧桑之后的云淡风轻。

一路坎坷，一路失去，绍兴二年（1132），李清照终于在杭州暂停下来。以为一切皆已尘埃落定，好的坏的都成过往，哪料还有考验在前头。

二

忍以桑榆之晚景，配兹驵侩之下才

李清照之所以被视为不朽的传奇、天上人间不灭的星辰，不仅因为其绝世的文采与卓越的才情，更因为她的为人处世与性情。在民族大义方面，李清照慷慨豪迈，具有巾帼不让须眉的气概；对待感情，她敢爱敢恨、爱憎分明，不将就，不苟且，傲骨铮铮。这一点从她的第二段婚姻中可见一斑。

在古代封建社会，女子在婚姻中向来遵循两条规矩：一条是父母之命、媒妁之言，另一条是嫁鸡随鸡、嫁狗随狗。再婚已属离经叛道，离婚更是惊世骇俗。而这两件事，都发生在李清照身上。

赵明诚去世三年后，李清照另嫁他人，此人名唤张汝舟。李清照为何会嫁与张汝舟？又为何会与之离婚？这一系列问题的答案，在她写给友人綦崇礼的信中皆有交代。

> 近因疾病,欲至膏肓,牛蚁不分,灰钉已具。尝药虽存弱弟,应门惟有老兵。既而苍皇,因成造次。信彼如簧之舌,惑兹似锦之言。弟既可欺,持官文书来辄信;身几欲死,非玉镜架亦安知。倪俛难言,优柔莫决。呻吟未定,强以同归;视听才分,实难共处。

赵明诚的突然病故、战乱导致的长期流亡,让李清照的身心遭受前所未有的打击。颠沛流离中,李清照病倒了。运用典故是李清照惯用的写作手法,在这段文字中,她亦借用多个典故说明自己当时病入膏肓的情形,以及对方的骗婚行径。

一个典故是"牛蚁不分"。《世说新语》中载:"殷仲堪父病虚悸,闻床下蚁动,谓是牛斗。"殷仲堪的父亲生了重病,听到床下蚁动,以为是牛在打斗。后用此词形容一个人病重到一定程度,以至于神志不清,出现幻觉,连牛和蚂蚁的响动都分辨不清。

李清照当时病得很重,连封棺用的石灰、铁钉都准备好了。此时留在她身边照顾她的,除了弟弟,还有照看门户的老仆人。正是在这种情况下,她相信了张汝舟的花言巧语,犹豫之下答应了他的求婚。

"官文书"也是一个典故,出自韩愈的《试大理评事王君墓志铭》:"诚官人邪?取文书来!"唐朝文人王适在出仕前想娶处士侯高的女儿。侯高表示只肯将宝贝女儿嫁与为官之人,这让还没考取功名的王适十分为难,媒婆便给他出了一个主意——以书卷冒充官文书瞒天过海。

后来，王适果然用这个方法顺利娶到了处士的女儿。

"玉镜架"出自《世说新语》，说的是西晋政治家温峤以玉镜台为聘礼，假托为姑姑女儿择婿，实际上是为自己娶亲。

"官文书""玉镜架"，后都被用于指代骗婚行径。在李清照看来，弟弟老实忠厚，容易上当受骗，看到对方拿来一份官文书就信以为真；而她自己呢，神志不清，其中的真假又如何分辨？

旁人或许很难理解李清照为何会答应这门亲事，而且是在自己病重之际。难道将近知命之年的她，还像天真烂漫的少女那样，对爱情抱有幻想，幻想能够在后半生找到一位像赵明诚那样与自己志同道合、情趣相投的男人，与自己相依相伴、琴瑟和鸣？

倘若换位思考，站在李清照的角度想想，也许能明白其中缘由。自从赵明诚病逝，她在战乱中颠沛流离、东飘西荡，还被疾病缠身。虽然暂时有弟弟关照自己，但也只是暂时的，终究不是长久之计。面对这样的现实，难免渴望遇到一个彼此中意的人，重新组建家庭，搭伙过日子，消解暮年难挨的孤寂与苦痛。

除了自身安危和情感需求，李清照还得考虑另外一个更加重要的现实问题：所剩无几的金石文物该如何妥善保管？之前的不幸遭遇让她意识到——一个女人，身逢乱世，孤身一人，就算再坚强、再警惕，也会有心有余而力不足的时候。找一位愿意与自己风雨同舟、甘苦与共的伴侣，或许才是明智的选择。

人在生病时，情感会变得异常脆弱，对生活中的困扰也会更加担忧。恰在此时，有人上门求亲，有官文书做凭证，又是一番糖衣炮弹攻击，说仰慕她的才学，今后定当悉心照顾。既如此，她有何理由拒绝呢？

关于张汝舟，史书里并无翔实介绍，但是从李清照写给綦崇礼的信中可以看出，此人能说会道、品行低劣、表里不一、凶狠野蛮。

彼素抱璧之将往，决欲杀之。遂肆侵凌，日加殴击。可念刘伶之肋，难胜石勒之拳。

在这段文字中，李清照借用了"刘伶之肋""石勒之拳"两个典故。"刘伶之肋"说的是魏晋名士刘伶的故事。有一次，刘伶喝醉后与人发生冲突，眼看对方就要挥拳上身，忙说道："鸡肋不足以安尊拳。"听闻此言，对方笑而收手。这是一种自嘲，也说明刘伶身体瘦弱。

"石勒之拳"说的是赵国开国皇帝石勒的故事。石勒出身于匈奴部落，孔武有力，常以重拳打人，谓之"饱以老拳"。

李清照借用这两个典故，又委婉又直接地表达出了自己的悲惨处境——她瘦弱如刘伶，却要面对石勒那样的重拳。殚精竭虑地想避开豺狼之徒，没想到偏偏入了狼口。张汝舟借婚娶之名，行谋夺文物之实，对此动机一清二楚的李清照必然会誓死护卫所剩无几的金石文物。

这一点，实在出乎张汝舟的预料，他没想到看似柔弱的李清照竟然如此刚烈。眼见计谋难以得逞，情急加盛怒之下，他开始对李清照实施家暴。

在写给綦崇礼的信中，李清照深深表达了自己的后悔：

忍以桑榆之晚景，配兹驵侩之下才。

所谓"驵侩"，即牲畜交易方面的捐客。在李清照眼里，张汝舟和牲畜交易市场上的捐客一样肮脏、粗暴、凶残、市侩。她做梦都没有想到，人到暮年，竟一时糊涂，受人蒙骗，跟品行低劣的市侩之徒搅到一处，一世清名因此被毁。

就算"污点"无法消除，也不能任其扩大化，李清照决心要和张汝舟这个无耻之徒划清界限，从这段极不明智的婚姻中解脱出来。

局天扣地，敢效谈娘之善诉；升堂入室，素非李赤之甘心。

"局天扣地"出自《后汉书》："当君子困贱之时，踢高天，蹐厚地，犹恐有镇厌之祸也。"说的是一个人处境艰难，终日乾乾，虽然天高地阔，却要表现出弯腰躬背、小步行走的戒备之态。

"谈娘"实为踏摇娘，是唐朝流行剧目中的一位歌女。此人貌美如花、能歌善舞，偏偏嫁给了相貌丑陋、嗜酒如命的苏某。可苏某非但不呵护、珍惜这样一位娇妻，还经常在醉酒后殴打她。踏摇娘将自己的不幸遭遇谱词作曲，唱给别人听，以抒泄自己心中的怨愤。

"升堂入室，素非李赤之甘心"，出自柳宗元的《李赤传》。主人公李赤是个江湖浪子，行为怪诞，异于常人。他有一个怪癖，没事喜欢待在厕所里，认为这是世界上最干净的地方。他把去厕所视为升堂入室，以至于后来竟被厕所里的女鬼诱惑，认其为妻，亲友百般提醒劝阻也不能唤醒他，最终一命呜呼。在李清照看来，这样的癫狂行为，"素非李赤之甘心"。

在古代，要结束一段婚姻，一般只能是丈夫休妻。可即便是在解除婚姻关系中占有主动地位的男性，也是不能随便休掉自己的妻子的，丈夫休妻应遵循"七出三不去"的原则。

"七出"指不顺父母、无子、淫、妒、有恶疾、多言、窃盗。

"三不去"指"有所取，无所归"，妻子无娘家可归；"与更三年丧"，妻子曾替家翁姑服丧三年；"前贫贱，后富贵"，丈夫娶妻时贫贱，后来富贵了。

总之，古代的男子可以依据相关律法休掉妻子，也可能因为受到相关条件制约而无法休妻。而妻子主动提出离婚，几乎是不可能的；即便提出，也得由男方写休书。这样说来，就算李清照被家暴，身心受辱，不想维持这段婚姻关系了，如果张汝舟不同意，她也无法从这噩梦般的境遇中脱身。而且，就张汝舟而言，虽然婚后的情形出乎他的预料，李清照并非想象中那么好掌控，但作为一个男人，结婚三个多月就离婚，并且由妻子提出，总归是一件有损颜面的事；更重要的是，一旦离婚，他就没办法打那些金石文物——虽然所剩无几——的主意了。

但是刚烈如李清照，无论如何，她都要结束这段因错误和欺瞒而缔结的婚约，为此，她做了一件惊世骇俗的事——告发自己的丈夫张汝舟！

世上没有不透风的墙，也不存在能够包住火的纸，一个人犯了错，遮掩得再好，早晚也要暴露。

宋代科举考试中有一项规定，读书人参加考试达到一定次数且取得一定资格后就能获得官职，这给投机主义者提供了可钻的空子。为谋取官职，张汝舟曾谎报考试次数。为了如愿离婚，李清照便以"妄增举数入官"的罪名将他告发。

原本这只是夫妻之间的感情问题，经此告发便上升至社会层面。

> 外援难求，自陈何害？岂期末事，乃得上闻。取自宸衷，付之廷尉。被桎梏而置对，同凶丑以陈词。

李清照在信中说，她没想到此事竟然惊动了朝廷。宋高宗知晓后，便派廷尉对张汝舟进行审判。李清照也因此受牵连,戴着手铐和脚镣与张汝舟对簿公堂。她何尝不清楚这么做会遭世人羞辱,可为了与张汝舟一刀两断,她已顾不得这些。

按照宋代相关法律的规定,妻子状告丈夫,如果丈夫因罪判刑,妻子也将连带坐两年牢。也就是说,张汝舟如果被判有罪,李清照可以解除婚约,重获自由,但必须坐两年牢。她本已做好了坐牢的准备,结果事情没有她预想的那么糟糕。在同乡兼亲友的綦崇礼的斡旋下,李清照在牢里仅待了九天。这也是她在事情尘埃落定后写《投翰林学士綦崇礼启》一信的缘由。

在信中,李清照对綦崇礼的人格品德给予了高度赞赏:

> 伏遇内翰承旨,搢绅望族,冠盖清流,日下无双,人间第一。奉天克复,本原陆贽之词;淮蔡底平,实以会昌之诏。

李清照说,在她眼中,綦崇礼和唐代的陆贽和李德裕一样德高望重,是能帮助皇上起草诏书的朝廷重臣。这次全仰仗他,自己才可免去牢狱之灾。

走出监狱的李清照重获身心自由,回首刚刚过去的牢狱之灾,还有与张汝舟仅维持了百日的婚姻,就像是做了一场噩梦。

虽像梦,却有切肤之痛。告发自己的丈夫,就像用金子弹射鸟雀,又像是用自己的脑袋撞击玉璧,搞不好会得不偿失。再愚笨之人也知道牢狱是个是非之地，一旦进去，必将成为再难洗净的污点，更何况是自小聪颖出众、才情敏捷的李清照。尽管存在这层危险，她还是这么做了。驱使她冒这个险的，除了勇气、执着、刚烈，还缘于她眼里容不得沙子、心中不染纤尘的禀性，这种气质融于她对待个人情感、诗词写作的各个方面，融于她生命的时时刻刻。

三

惟智者之言,可以止无根之谤

在封建思想的统治下,哪怕夫妻感情不和,甚至出现家庭暴力,身为弱者的女性也只能忍气吞声、逆来顺受,将不幸的遭遇归咎于命。在她们的头脑里,从不存在"离婚""自我""重新开始"这些观念。因此,不难想象,李清照再嫁、告发丈夫、离婚的举动是多么"败德败名"。

牢狱之灾虽然免去了,但等着她的必是铺天盖地的指责、讥讽、嘲笑、诽谤。这一点,可以从数位文人的评论中可见一斑。

北宋地理学家朱彧在《萍洲可谈》中写道:

不终晚节,流落以死。天独厚其才而啬其遇,惜哉!

南宋文学家胡仔所著《苕溪渔隐丛话》中载:

易安再适张汝舟,未几反目,有启事与綦处厚云:"猥以桑榆之晚景,配兹驵侩之下才。"传者无不笑之。

南宋文学家王灼的《碧鸡漫志》中有云:

赵死,再嫁某氏,讼而离之,晚节流荡无归。

明朝文人叶文庄更是这样评价:

李公不幸而有此女,赵公不幸而有此妇。

"举世而誉之而不加劝,举世而非之而不加沮。定乎内外之分,辩乎荣辱之境,斯已矣。"庄子的这种境界,或许只有宋荣子能够达到。俗世之中,有几人能做到宠辱不惊,不管世俗眼光,听凭内心,活出真实自我?才情卓越的李清照,说到底也是尘世中人,她也会在意别人的眼光和评判。因此,在写给綦崇礼的信中,她说:

惟智者之言,可以止无根之谤。

希望綦崇礼能够站出来说几句话,还她清白。

除了铺天盖地的负面评论，也有一小部分文人学者极力"维护"李清照清白的形象。这些人认为，李清照出身于书香门第，具有非常深厚的文化修养，与赵明诚结婚多年，偶有嫌隙，但整体上感情深厚，她不可能在赵明诚去世后另嫁他人。

明朝文人徐惟起在《徐氏笔精》中写道：

（李清照）郡守之妻，必无更嫁之理。

清代学者俞正燮也持此种观点：

余素恶易安改嫁张汝舟之说，雅雨堂刻《金石录序》，以情度易安不当有此事。

否定再婚，是封建传统的卫道士们为李清照辩护，维护她大家闺秀、千古才女这一正面形象的办法。

事情已经过去近千年，站在彼岸眺望过往，不难发现，所谓是非对错，要在某种前提下才能成立。李清照再婚也好，离婚也罢，包括后来状告丈夫，假若从当时的时代背景出发，的确违背封建伦理。那些批判她、讥笑她、奚落她的人，包括那些试图通过否定再婚与离婚事实维护她完美形象的文人学者，都是站在伦理道德的立场看待李清照、看待人权。但若从人性、从生命本质的角度来看，在不伤害他人的情况下，追求快乐、远离痛苦，无可厚非。

李清照嫁给赵明诚，乃是因为情投意合；再嫁张汝舟，是在国破家亡、身几欲死的情况下，她希望有一个人能与自己一起看护好金石文物；发现张汝舟的甜言蜜语不过是带着目的的巧言令色，其人品更是低劣不堪，她又不顾一切地与之离婚……这一系列勇敢举动，恰恰是李清照独立人格的表现。因为忍气吞声、逆来顺受，是弱女子的选择；内心独立的人知道，委屈自己也换不来别人的周全。

斯人已逝，李清照不再奢望邂逅良人。人生漫漫，山长水远，总有一些路要独自走。

风住尘香，寂寞离场

第六章

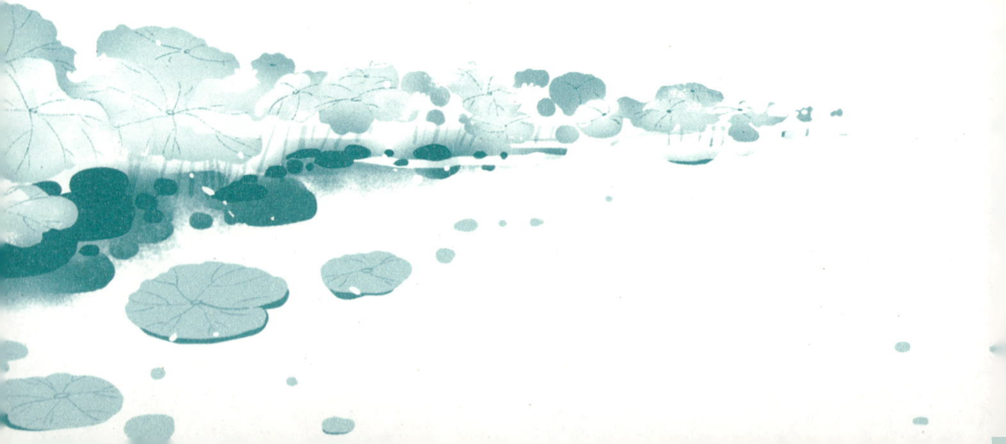

一

故乡何处是，忘了除非醉

苏东坡在给弟弟苏子由的诗信中写道：

人生到处知何似？应似飞鸿踏雪泥。

人生像什么呢？人生就像空中飞过的鸿雁，偶然停歇于雪地时留下的足迹。人们永远无法预判这只鸿雁会在何时何地留下足迹，亦不知道那些足迹将在何年何月消散。人生，因为偶然，所以无常。

李清照的人生之旅，正如苏东坡笔下的那只鸿雁，从济南，到京师，到青州，到建康，到临安……南来北往，没有定数。

天接云涛连晓雾，星河欲转千帆舞。仿佛梦魂归帝所，闻天语，殷勤问我归何处？

> 我报路长嗟日暮,学诗谩有惊人句。九万里风鹏正举,风休住,蓬舟吹取三山去。
>
> ——《渔家傲》

这首词描绘了一个奇幻的梦境:在梦中,词人仿佛走过水天相接、银河翻转之地,来到天庭。在天帝的询问下,她道出了"路长嗟日暮,学诗谩有惊人句"的人生处境,也表露了自己"风休住,蓬舟吹取三山去"的博大胸怀。

相比于李清照大部分用词婉约、甚至带有愁闷情绪的词作,这首《渔家傲》风格独特、意境辽阔,有浪漫豪放之感,让人不禁联想到庄子笔下的北冥之鱼,一怒而飞,其翼若垂天之云的雄壮景致。

心理学家西格蒙德·弗洛伊德认为,梦是欲望的满足。依此观点看,李清照这个气象雄阔的梦是其潜意识的反映:兵荒马乱的时局让她感到恐惧,同时也让她对蓬莱、方丈、瀛洲这三座传说中的神山心生向往。

神山,代表世外桃源般的环境,更意味着宁静和谐的生活。

正所谓"国家不幸诗家幸",经历了国破家亡,流落他乡、年华远去的李清照,在文学创作上再登高峰。

当年与赵明诚新婚之际,每首词作都以精妙无比的语言刻画出女性细微而真实的心理状态,既有"绣面芙蓉一笑开,斜飞宝鸭衬香腮。眼波才动被人猜"的甜媚娇态,也有"红藕香残玉簟秋。轻解罗裳,独上兰舟"的寂寥之情;行至暮年,历经风霜雨雪,尝遍酸甜苦辣,对人生、对命运都有了更为深刻的认知和领悟,词作中的慵懒闲适多被意兴阑珊之感取代,不变的是清婉柔美的意境。

> 风柔日薄春犹早,夹衫乍著心情好。睡起觉微寒,梅花鬓上残。故乡何处是?忘了除非醉。沉水卧时烧,香消酒未消。
>
> ——《菩萨蛮》

年少时,无知无畏,向往未知的远方;等到跋过千山万水、涉过险滩恶涂,才发现最怀念的还是故乡。

一个日光轻薄的早晨,天气乍暖还寒。李清照从宿醉中醒来,酒意还未完全消退,插于鬓角的梅花却已悄然枯萎。让她心心念念、念念不忘的,是家乡与故人。所谓到不了的地方是远方,回不去的地方叫故乡。

> 征鞍不见邯郸路,莫便匆匆归去。秋风萧条何以度?明窗小酌,暗灯清话,最好留连处。
>
> 相逢各自伤迟暮,犹把新词诵奇句。盐絮家风人所许。如今憔悴,但余双泪,一似黄梅雨。
>
> ——《青玉案·用黄山谷韵》

"邯郸路"出自《庄子·胠箧》:"唇竭则齿寒,鲁酒薄而邯郸围。"从字面上看,是说一个人如果没了嘴唇,牙齿会感到寒冷,鲁国的贡酒太淡薄,赵国的首都邯郸因此被围攻。想搞懂这句话的逻辑,不得不提一段历史:一次,楚宣王召见诸侯,鲁恭公姗姗来迟,献上的贡酒也不醇厚,楚宣王因此发怒,没多久便发兵攻打鲁国。另一边,梁惠王早就动了攻打赵国的念头,只不过惮于楚国可能出兵帮助赵国,一直未敢行动。现在,楚国忙于伐鲁,自顾不暇,梁惠王也便趁此空当出兵围攻赵都邯郸。

《青玉案》是李清照写给亲友的送别之作,她借"邯郸路"这一典故,既为劝勉他人,也为安慰自己。

秋风萧瑟,人生也进入秋天,回首往事,最让人眷恋的,还是明窗小酌、暗灯清话的年少时光。那时,世事再怎么扰攘,皆与自己无关。如今再次相逢,虽已都是迟暮之年,但依然能像从前那样,把盏话桑麻,赋词诵奇句,因为这是一代代传承下来的家风。相聚离别,由不得人;前路茫茫,亦不可期。既然如此,又何必匆忙赶路?不如放慢脚步,欣赏沿途风景。

"盐絮家风"也是一个典故。东晋才女谢道韫是名相谢安的侄女,某天下雪,谢安想借机考考家中几个孩子,便问他们外面的雪像什么。有人说:"撒盐空中差可拟。"谢道韫回答:"未若柳絮因风起。"对于这个别出心裁的比喻,谢安颇为赞赏。鉴于此,后世用"盐絮"指代美好的诗句,以"咏絮之才"比喻女子的卓越才情。李清照对自家品诗论词的家风充满自信,这也让她在作文处事时多了一份底气,正如她后来在写给友人的信中提到的:

> 当年稷下纵谈时,犹记人挥汗成雨。

那些充满酒意与诗情的日子恍如昨天,又遥远得好像是上辈子的事情。

人之所以感到痛苦,是因为有记忆。曾经那个荷塘争渡的纯真少女、那个倚梅回首嗅青梅的怀春少女,已经杳然无影。生活的热情、游赏的闲情,被沧桑岁月渐渐消磨殆尽,取而代之的是满含双眼的泪水。那泪水,就像江南黄梅时节的春雨,无声无息,绵绵无期。

> 风住尘香花已尽,日晚倦梳头。物是人非事事休,欲语泪先流。
> 闻说双溪春尚好,也拟泛轻舟。只恐双溪舴艋舟,载不动、许多愁。
>
> ——《武陵春》

所谓一年之计在于春,春回大地,万物复苏,心情理应随之变得明朗。那么,李清照的心情如何呢?

某个春日上午,风停雨止,她站在门前向外凝望——雨打风吹过后,花瓣都已飘零,和着湿润的泥土,散发出阵阵芬芳。太阳已经升得很高了,可她没有心思梳妆打扮。女为悦己者容也好,女为己悦者容也罢,深爱的赵明诚已经离开人世,身边无可悦之人,哪里还有兴致梳妆打扮?

四季轮转,梅花年年都开,海棠照旧根据时节上演绿肥红瘦,明月也按节气阴晴圆缺,唯有当年一起赏花观月的人不再回来。算起来,他去世已经六个年头,可往事点点滴滴,仍历历在目。时过境迁,物是人非,很想说些什么,可是还没开口,眼泪就已流下来,止也止不住……

听闻金华双溪的春景甚是优美怡人,她的心思有些活动,不妨和友人泛舟溪上,以散心中郁结。可转念一想又开始担心,担心游船载不了她内心沉重的哀愁,就像歌里唱的:"山川载不动太多悲哀,岁月禁不起太长的等待。春花最爱向风中摇摆,黄沙偏要将痴和怨掩埋。"

明人陆云龙对此评价道:

愁如海。

山河破碎、他乡飘零,李清照后半生的种种变故,无不与金人入侵、北宋覆亡有关。作为备受后世敬仰的一代才女,满含悲愤的她不只会作表达儿女情长、凄婉哀伤的词,还会作体现文人风骨、家国情怀的诗。

绍兴三年（1133），朝廷决定派知枢密院事韩肖胄与工部尚书胡松年前往金国，探望被金人俘虏的宋徽宗、宋钦宗父子。

韩肖胄的祖父韩忠彦是宋徽宗时期的宰相，曾祖父韩琦更是北宋时期声望颇高的政治家，李清照的祖辈父辈都曾受其提携，韩李两家可谓世交。对于韩肖胄与胡松年出使金国一事，李清照非常关注，漂泊异乡的她特作《上枢密韩公、工部尚书胡公（二首）》，表达赞颂之情。

其一

三年夏六月，天子视朝久。
凝旒望南云，垂衣思北狩。
如闻帝若曰，岳牧与群后。
贤宁无半千，运已遇阳九。
勿勒燕然铭，勿种金城柳。
岂无纯孝臣，识此霜露悲？
何必羹舍肉，便可车载脂。
土地非所惜，玉帛如尘泥。
谁当可将命，币厚辞益卑。
四岳佥曰俞，臣下帝所知。
中朝第一人，春官有昌黎。

身为百夫特,行足万人师。
嘉祐与建中,为政有皋夔。
匈奴畏王商,吐蕃尊子仪。
夷狄已破胆,将命公所宜。
公拜手稽首,受命白玉墀。
曰臣敢辞难,此亦何等时!
家人安足谋,妻子不必辞。
愿奉天地灵,愿奉宗庙威。
径持紫泥诏,直入黄龙城。
单于定稽颡,侍子当来迎。
仁君方恃信,狂生休请缨。
或取犬马血,与结天日盟。
胡公清德人所难,谋同德协必志安。
脱衣已被汉恩暖,离歌不道易水寒。
皇天久阴后土湿,雨势未回风势急。
车声辚辚马萧萧,壮士懦夫俱感泣。
闾阎嫠妇亦何如,沥血投书干记室。
夷虏从来性虎狼,不虞预备庸何伤。
衷甲昔时闻楚幕,乘城前日记平凉。
葵丘践土非荒城,勿轻谈士弃儒生。
露布词成马犹倚,崤函关出鸡未鸣。

巧匠何曾弃樗栎,刍荛之言或有益。
不乞隋珠与和璧,只乞乡关新消息。
灵光虽在应萧萧,草中翁仲今何若?
遗氓岂尚种桑麻,残虏如闻保城郭。
嫠家父祖生齐鲁,位下名高人比数。
当年稷下纵谈时,犹记人挥汗成雨。
子孙南渡今几年,飘流遂与流人伍。
欲将血泪寄山河,去洒东山一抔土。

其二
想见皇华过二京,壶浆夹道万人迎。
连昌宫里桃应在,华萼楼前鹊定惊。
但说帝心怜赤子,须知天意念苍生。
圣君大信明如日,长乱何须在屡盟。

从想象二公途经南京(今河南省商丘市)和东京(今河南省开封市),城中百姓夹道迎送的情景,到与金人谈判时的种种说辞;从赞扬二公的位高权重,到赞颂他们为"大家"安危,暂且放下"小家"的崇高人格;从表达对此次出使金国的美好祝愿,到对他们与金人结盟时不卑不亢的殷切期望……李清照的表述层层递进、洋洋洒洒,一改往日的词风。"土地非所惜,玉帛如尘泥。谁当可将命,币厚辞益卑"几句,更是直接指出了当时对外政策的弊端。除此之外,她还对此次出使提出了一些个人建议,譬如"巧匠何曾弃樗栎,刍荛之言或有益",意在提醒他俩兼听则明,偏信则暗。李清照虽常年居于深闺,却具有非同一般的政治见识与家国情怀。

"嫠家父祖生齐鲁,位下名高人比数。当年稷下纵谈时,犹记人挥汗成雨",李清照提及自己的家世,说自己的祖父辈虽然地位低下,却因德行操守在齐鲁大地享有极高的声誉,如今却因为战乱,因为"夷虏从来性虎狼"的金人的入侵,"子孙南渡今几年,飘流遂与流人伍"。想到各地的无辜百姓流离失所,想到自己在颠沛中失去文物、遇人不淑,国事与家事引起的幽愤一齐涌上心头,李清照不禁发出了"欲将血泪寄山河,去洒东山一抔土"的悲叹。

时逢国难,世道艰难,作为宋词婉约派的代表人物,李清照写出这样慷慨悲壮的诗作,一方面说明其作品风格是多样的,一方面也使她的个人形象更加饱满。

二

韵事奇人,两垂不朽矣

若将人之一生比作四季,谁都不会始终处于阳光明媚的春天,也不会终身受困于风霜严寒的冬季。不同之处在于,有些人从春天走向秋冬,有些人从冬天走向春夏;有些人先甜后苦,有些人苦尽甘来。

李清照的一生,是先甜后苦的一生,是诗意与颠沛的一生。

寻寻觅觅,冷冷清清,凄凄惨惨戚戚。乍暖还寒时候,最难将息。三杯两盏淡酒,怎敌他、晚来风急。雁过也,正伤心,却是旧时相识。

满地黄花堆积,憔悴损,如今有谁堪摘?守著窗儿,独自怎生得黑。梧桐更兼细雨,到黄昏、点点滴滴。这次第,怎一个愁字了得!

——《声声慢》

从文字角度来看，这首词创意出奇，给人耳目一新之感。当时写词者众多，却不曾有人像李清照这样尝试十四叠字。

宋人罗大经称赞道：

> 起头连叠七字，以一妇人，乃能创意出奇如此。

明代文学家茅暎评价说：

> 连用十四叠字，后又四叠字，情景婉绝，真是绝唱！后人效颦，便觉不妥。

暮暮垂年，光阴寂寂，该失去的、不该失去的，都渐渐失去，只留形单影只的李清照漂泊他乡。深秋，黄花堆积，回望往事，好似尘埃纷扰凌乱，到最后必将落定。她总在心心念念地寻找着什么，可又说不清究竟所为何物。

"憔悴"和"泪"这两个字眼，在李清照后期的词作中高频出现。晚来风急，雨打梧桐，在风雨中败谢的菊花，想来不会再有人采摘。这是自然环境中的所见所感，反映的却是词人的内心，冷清、寂寥、凄惨。外界的氛围也好，内在的心境也罢，全都紧扣一个"愁"字。而那份忧伤、那份苦闷，又怎一个"愁"字了得！宋人张端义曾将"寻寻觅觅，冷冷清清，凄凄惨惨戚戚"比作公孙大娘舞剑，只是这把剑无法斩断萦绕心头的离愁别绪。

酒这东西，只可助兴，无法消愁。风乍起，南飞的大雁勾起相关的回忆。当年，赵明诚到外地任职，李清照独守空闺，虽然相隔两地，至少还有所期盼，每每看到大雁飞过，便会生出"云中谁寄锦书来"的思绪；如今，大雁依旧南飞，自己却再没有鱼雁传书的人。

一个人的风烛残年该如何度过？李清照是幸运的，虽然无人与共诗情和酒意，但还好有书册与书帖陪伴左右。

围绕金石文物，李清照与赵明诚的人生可以以靖康之变为分水岭。

靖康二年（1127）之前，经过李清照和赵明诚的不断积累，收藏的金石文物的规模很是可观，至少要用十余间屋子储存、十五辆车子转运。

靖康二年（1127）之后，这些金石文物一点点丧失，先是储存在青州十多间屋子里的文物在战火中化为灰烬，"时犹有书二万卷，金石刻二千卷"。

建炎三年（1129）十一月，金寇陷洪州，交由他人保管的书卷和金石尽失，"连舻渡江之书，又散为云烟矣"，只剩下小卷轴书帖，李、杜、韩、柳文集，《世说》《盐铁论》，汉唐石刻副本数十轴，三代鼎鼐十数件，南唐写本数箧。

因有赵明诚"颁金"之语，李清照又将家中所有铜器等物上交官府，只剩书画砚墨五六筐;绍兴元年(1131)时遭邻人偷窃,"岿然独存者,乃十去其七八。所有一二残零不成部帙书册,三数种平平书帖"。

短短四五年间,至亲离她而去,文物几乎悉数丧失,对于所剩之物,"犹爱惜如护头目"!

一天,李清照翻阅箱柜,不经意间翻出了那本《金石录》,"今日忽阅此书,如见故人"。于她而言,《金石录》就像一位故人,书中的每一页、每一行、每一字,都凝聚了她与赵明诚的半生心血,也见证了他们婚姻中最美好的一段时光,挑灯夜读、赌书泼茶,休戚与共,肝胆相照。

> 今手泽如新,而墓木已拱,悲夫!

时光飞逝、岁月无情的感叹,斯人已逝、生者余哀的思念,浓缩在这十二个字中,让人不禁联想到归有光在《项脊轩志》的结尾处写的一句话:

> 庭有枇杷树,吾妻死之年所手植也,今已亭亭如盖矣。

翻阅《金石录》的李清照,凝望庭中枇杷树的归有光,都是情深义重之人,对逝去的亲人怀着一份不思量、自难忘的思念之情。

枯坐灯下,手抚书页,往事一幕幕闪过。提笔蘸墨,思绪流转,洋洋洒洒千字写下。在《金石录后序》中,李清照明确交代了《金石录》一书的内容和成因,阐述了她和赵明诚对于金石事业的追求与伉俪深情,同时也以此为线索,从侧面记载了北宋王朝的覆灭。

明代藏书家张丑对此文做过这样一番评价:

迄今学士每读《金石录后序》,顿令精神开爽。何物老妪,生此宁馨,大奇大奇!

清朝文史学家李慈铭也给予了极高赞誉:

阅赵明诚《金石录》,其首有李易安后序一篇,叙致错综,笔墨疏秀,萧然出畦町之外。予向爱诵之,谓宋以后闺阁之文,此为观止。

除了写《金石录后序》,李清照还创作了一些短小精干、文采斐然的小品文。

李清照很喜欢玩打马游戏。对此,她痴迷到何种程度呢?用她自己的话说就是:

予性喜博,凡所谓博者皆耽之,昼夜每忘寝食。

李清照天性喜欢赌博,凡是关于赌的游戏,都会为之废寝忘食。所以,有人为她贴上了一个并非出于恶意的标签——赌徒。

绍兴四年(1134),李清照避兵金华,寄寓在一位亲友家。暂得安宁的夜晚,她靠打马游戏打发时间,并且为最爱的"依经马"游戏写下规则标注,还让子侄根据文字绘画。

> 予独爱"依经马",因取其赏罚互度,每事作数语,随事附见,使儿辈图之。不独施之博徒,实足贻诸好事,使千万世后知命辞打马,始自易安居士也。

她之所以写《打马图经序》一文,目的之一是让后人凭此得知,命辞打马这种赌博游戏是从她李清照开始的。

打马虽然只是消遣的游戏,李清照却从中悟出了心得。在她看来,世间万物,千姿百态,都有矩可循。在《打马图经序》的开头,她提出了"慧"和"专"两个概念:

> 慧则通,通即无所不达;专则精,精即无所不妙。

李清照说,很多人学圣人之道,浅尝辄止;行游戏之事,不得要领,而她能逢赌必赢,这是为什么呢?秘诀就在于"慧"和"专"。拥有智慧的人,做事能够一通则百通;面对众多诱惑,如果不能专注于一事，就无法臻于精妙之境。这个道理，放之四海皆准。

明代文学家陶宗仪这样评论《打马图经序》：

> 李易安因依经马，取其赏罚互度，每事作数语，精研工丽，世罕其俦。不仅施之博徒，实足贻诸同好。韵事奇人，两垂不朽矣。

"韵事""奇人"，可以算作对李清照艺术人生的高度概括。

除了《打马图经序》，李清照还写有《打马赋》，从打马游戏说起，旁征博引，层层递进，阐述战场用兵之道，呼吁执政者奋勇抗敌。

> 岁令云徂，卢或可呼。千金一掷，百万十都。樽俎具陈，已行揖让之礼；主宾既醉，不有博弈者乎。

山河动荡，风雨飘摇，渐渐衰老的李清照常常追忆过去的美好时光。她想起自己曾在赌桌前一掷千金，高声呼"卢"，真是又阔绰又洒脱。那时候，宴会上酒水丰美，宾主尽欢，沉醉之时总免不了玩几局博弈游戏。有一款叫作打马的游戏，堪称"小道之上流，乃闺房之雅戏"。李清照对此游戏的规则了然于心，不仅总结出了战略性的经验，还凭借自身所学和丰富想象获得了独特而深刻的感悟。

> 齐驱骥騄，疑穆王万里之行；间列玄黄，类杨氏五家之队。珊珊佩响，方惊玉镫之敲；落落星罗，急见连钱之碎。若乃吴江枫冷，胡山叶飞，玉门关闭，沙苑草肥。临波不渡，似惜障泥。或出入用奇，有类昆阳之战；或优游仗义，正如逐鹿之师……

在李清照看来，打马就像周穆王乘八骏前往西王母处做客，万里之行，始于足下；不同颜色的棋子，就像杨贵妃姊妹五家扈从迎接唐玄宗的仪仗。游戏者衣服上的佩环叮当，像蹬鞍上马时发出的声响；棋子一一落下，花纹像相连之铜钱。行马若像吴江枫叶飘落、胡山林叶乱飞，不如退居玉门关内，以便养精蓄锐，再待战机。陷入困境时当出奇制胜，像汉光武帝在昆阳之战中那样，以弱胜强；像黄帝在逐鹿之战中讨伐蚩尤那样，团结一切可以团结的力量……在这里，李清照旁征博引，各种典故信手拈来，加上天马行空的想象，生动阐述了自己对于打马游戏的精妙领悟。

《古今女史》评论道：

> 文人三昧，虽游戏亦具大神通。

赋的最后，李清照表达了自己抗敌复国的志愿：

> 佛狸定见卯年死,贵贱纷纷尚流徙。满眼骅骝杂骆骊,时危安得真致此?木兰横戈好女子!老矣谁能志千里,但愿相将过淮水。

佛狸是北魏太武帝拓跋焘的小名,在这里指代金国执政者。骅骝、骆骊,皆指周穆王的骏马。

不管是富贵之人,还是贫贱百姓,都行走在逃难的途中。面对危难的时局,李清照认为,或者说她祈愿,像拓跋焘这样的侵略者很快就会灭亡。她虽不能像花木兰一样在战场上奋勇杀敌,但"老骥伏枥,志在千里",希望能随征战沙场的将士们渡过淮水,回到自己的家乡。

相比于清新婉美的词作,这类文章呈现出截然不同的风格,密集庞杂的用典、娓娓道来的说理,不但可见李清照深厚的文学功底,也体现了她的爱国情怀。

李清照就像她赞美的桂花,是"花中第一流"的女子。她是婉约的,也是豪放的;她是感性的,也是知性的。她能写阳春白雪的文字,也乐于玩下里巴人的游戏;她有"云鬓斜簪,徒要叫郎比并看"小女人式的娇嗔妩媚,也有"生当作人杰,死亦为鬼雄"这样巾帼不让须眉的豪情。她是矛盾统一、丰富复杂的小宇宙;她是艺术品,源于生活又超越生活。

三

生如夏花之绚烂,死如秋叶之静美

一个人若开始喜欢回忆,就意味着这个人变老了。

光阴如水,逝而不返,一个人静静地追忆似水年华,成为李清照的情感依托与慰藉。

某夜,她闲步至庭院,微风轻拂,花气袭人,或许是"情疏迹远只香留"的秋桂,或许是"雪清玉瘦,向人无限依依"的白菊,又或许是别的某种再熟悉不过的花卉。总之,这样的清寂夜色,这样的花影婆娑,实在让人觉得似曾相识。南泉禅师有言:"时人见此一枝花,如梦相似。"诗人刘希夷也说过:"年年岁岁花相似,岁岁年年人不同。"不管是眼前的花,还是半空的月,都与十五年前的花、月没什么区别,以至于让她在瞬间回想起与某人花前月下的缱绻时光。

十五年前花月底,相从曾赋赏花诗。

> 今看花月浑相似，安得情怀似往时？
>
> ——《偶成》

明月依旧，花影扶疏，只是世事变迁，当年那个与自己花前月下、赌书泼茶的良人已离开人世，那双遥望月亮的眼眸、那颗像镜子一样映照万物的心灵也不同于往昔，所见所闻自然亦不同于往日。

正如清代文学家张潮在《幽梦影》中写道：

> 少年读书，如隙中窥月；中年读书，如庭中望月；老年读书，如台上玩月。皆以阅历之浅深，为所得之浅深耳。

苏轼当年谪居荆地，某个月明星稀的秋夜，兴之所至，前往承天寺，邀友人张怀民夜游，归去后写下：

> 庭下如积水空明，水中藻荇交横，盖竹柏影也。何夜无月？何处无竹柏？但少闲人如吾两人者耳！

是啊，人生路漫漫，有很多个有月的夜晚，也有很多地方能看到翠竹松柏，为何元丰六年（1083）十月十二日这个寻常夜晚让苏轼如此难以忘怀呢？因为那一晚，诗人享受着人生中难得的悠闲时光，且有志趣相投的良友相伴左右。明月、清风、竹柏、花影，这些都不稀罕，稀罕的是慢下步伐欣赏江山风月的闲心，稀罕的是可遇而不可求的志同道合的情谊。

> 落日熔金，暮云合璧，人在何处？染柳烟浓，吹梅笛怨，春意知几许。元宵佳节，融和天气，次第岂无风雨。来相召，香车宝马，谢他酒朋诗侣。
>
> 中州盛日，闺门多暇，记得偏重三五。铺翠冠儿，撚金雪柳，簇带争济楚。如今憔悴，风鬟霜鬓，怕见夜间出去。不如向，帘儿底下，听人笑语。
>
> ——《永遇乐·元宵》

时光飞逝，又是一年元宵佳节，梅花渐次开放。只是此一时，彼一时，境遇不同，心境也随之转变。

词的上阕写南渡之后现实中的元宵。日暮黄昏，云卷云舒，好似一幅浓墨重彩的油画。凝望着瞬息万变的落日余晖，不由自主地再次想到自己的处境。在何处呢？远离故国，寓居江南。目之所见，是烟雾笼罩的柳枝；耳之所闻，是曲调哀怨的笛声。元宵佳节，词人却在"融和天气"里担心风雨来袭。平日一起品诗喝酒的朋友邀请她去参加元宵宴会，她却谢绝。对于一个心累的人，火树银花的热闹只会让她更感寂寞，灯火阑珊的独处反倒更契合她的心境。

孤身一人，独处一室，忽然忆起若干年前某个元宵节的盛景。当时在汴京,街市繁华,多有闲暇,深闺之中的女子精心打扮,相约出游,言笑晏晏。

关于宋时元宵节的盛景,不少诗词中都有描述。如辛弃疾在《青玉案·元夕》中写道:

> 东风夜放花千树。更吹落,星如雨。宝马雕车香满路。凤箫声动,玉壶光转,一夜鱼龙舞。蛾儿雪柳黄金缕,笑语盈盈暗香去。

流光溢彩,如梦如幻。
欧阳修在《生查子》中写道:

> 去年元夜时,花市灯如昼。月上柳梢头,人约黄昏后。

元宵佳节,最是恋人相会时。
苏轼在《蝶恋花·密州上元》中写道:

> 灯火钱塘三五夜,明月如霜,照见人如画。帐底吹笙香吐麝,更无一点尘随马。

由此可见,江南元宵节景象如画。

想必李清照记忆中的元宵节与之相差无几，只是如今"物是人非事事休"，与其勉强自己去凑热闹，不如独自待在屋里，站在窗帘底下，听别人的欢声笑语。热闹的人自有他们的热闹，忧愁的人怀着自己的忧愁。

对于暮年的李清照而言，四季轮转中那些熟悉的花木，都蕴含着触景生情的机缘。

一个人的春夜，雨疏风骤，她从醉酒中醒来，看到院中海棠零落而感慨："风定落花深，帘外拥红堆雪。长记海棠开后，正伤春时节。"盛夏时节，出门游湖，面对莲叶接天、荷花映日的景致，不禁想到年少时"沉醉不知归路"，如今却是"只恐双溪舴艋舟，载不动、许多愁"。"湖上风来波浩渺。秋已暮、红稀香少。水光山色与人亲，说不尽、无穷好"，少女时期喜欢亲近自然，又是那样无思无念，行至暮年，秋色还是那般秋色，心境却迥然不同，添了"满地黄花堆积，憔悴损，如今有谁堪摘"的憔悴与疲惫。秋风萧萧，登高远眺，她在心里默念："断香残酒情怀恶。西风催衬梧桐落。梧桐落。又还秋色，又还寂寞。"冬天，雪花飞扬，曾经"年年雪里，常插梅花醉"，如今"看取晚来风势，故应难看梅花"。

海棠、杏花、桂花、菊花、茶花、梅花，各种人间草木，像散发着芬芳的线索，起起伏伏间连缀起她的诗酒人生。

> 年年雪里，常插梅花醉。挼尽梅花无好意，赢得满衣清泪。
>
> 今年海角天涯，萧萧两鬓生华。看取晚来风势，故应难看梅花。

相比之下，这首《清平乐》，不如《声声慢》《如梦令》那般为读者熟知，但它于李清照的人生历程而言，具有特殊意义。

李清照是个花痴，更是梅痴。在她五十多首含有花之意象的词作中，涉及或者专门描写梅花的，差不多占据一半。梅，将李清照先甜后苦的一生串联起来；梅，是她诗酒人生的暗香线索。

一首词，四十余字，却截取了她欢快无忧的少年、颠沛流离的中年、凄惨冷清的暮年三个人生阶段中具有代表性的三个生活情景，或者说是心境。在某种程度上，这首词高度概括了李清照的人生。

"年年雪里，常插梅花醉"，这两句不禁让人联想到《红楼梦》第四十九回——某年冬天，众姐妹难得欢聚大观园，林黛玉和薛宝钗摒弃前嫌，分外和睦友爱；香菱也学会了作诗；湘云一向活泼欢快，最会搞气氛。贾母带领大家喝酒、吃肉、赏梅、作诗，其乐融融，欢快无比，是整部著作中难得的和美场景。

少年时代，无忧无虑，既没有因为惦念一个人心生幽怨，也没有因为忧惧战火身心俱疲。每到冬天，李清照都会在下雪天折取梅枝一二，带回家插在瓶中。这不仅是少女的浪漫情怀，更是对生活的兴致与热忱的表现。被尘俗琐事缠身的人,很难产生如此闲情。

在这里,不能忽视两个字——年年。一方面说明"常插梅花醉"的日子并非偶然,而是她少女时代的生活常态;另一方面,结合后来的种种变故与打击,不禁让人感慨,所谓"年年",到底不是永远。风云变幻莫测,人生向来无常,从来没有什么可以永垂不朽。所谓"年年岁岁花相似",也仅限于相似;所谓"岁岁年年人不同",是真的不同。

还有一个字不能忽视,那就是"常"。"常插梅花醉"的"常"与"常记溪亭日暮"的"常"有异曲同工之妙,既表明了词人某一阶段的生活状态,也对比出人生的无常。

"挼尽梅花无好意",挼,即搓揉。这样一个无意识的动作表露了词人怎样的心绪呢?不妨设想一下,人在怎样的心境之下会无意识地用手指尖"挼"一样单薄易碎的物品,或者做一些无意识的小动作呢?大概是在历经坎坷磨难,对人生感到灰心丧气,生出"好像也只能这样了"的无奈之感时。力气已用尽,事情始终不遂人愿。国也破了,家也亡了,丈夫已经去世,自己又远离故土,漂泊他乡。回想前尘往事,不禁泪流不止。

在另一首《诉衷情·枕畔闻梅香》中,李清照也写到梅,也是无怜爱之意的"挼":

> 夜来沉醉卸妆迟,梅萼插残枝。酒醒熏破春睡,梦断不成归。

人悄悄，月依依，翠帘垂。更挼残蕊，更捻余香，更得些时。

喝了点酒好入睡，醒来却是夜半时分，刚刚的梦已然无法继续。窗前月亮依依，一个人枯坐桌边，无意识地揉搓眼前的梅花，心思在悲欢往事中游走了一遍，故土难离，故土亦难回。梅依然是那暗自幽香的梅，只是人无好意，花也跟着受罪。

再到后来，也就是写下这首《清平乐》时，她经历了战乱、离乡、丧夫、大病、再婚、离婚，早已不是当年那个"倚门回首，却把青梅嗅"的娇羞女子，也不复拥有"试问卷帘人，却道海棠依旧"的少女情怀。又到梅花绽放时节，她在心中喃喃自语，恐怕再难看到当年那样绚烂的梅花了。

带着漂泊流徙的艰辛、故土难归的幽愤以及对亲人的怀念，李清照于绍兴二十六年（1156）悄然辞世，享年七十三岁。

这样的人生收梢，不禁让人想到张爱玲。一个生活在北宋，一个生活在民国，相距将近千年，却有着极其相似的命运——都出身名门望族、书香门第，从小受到良好的传统文化教育；都富有文学天赋与卓越才情，凭此年少成名；都曾遇到一位情趣相投、彼此懂得的丈夫，又都敢爱敢恨，敢于突破传统道德规范坚守自我；就连后半生漂泊异乡、孤独终老的人生结局也高度相似。纵然寂寞离场，人世间却永远流传着她们的传奇。

正如泰戈尔的那句诗：

> 生如夏花之绚烂，死如秋叶之静美。

死亡是谁都无法逃脱的结局。肉体终将消亡，但灵魂与精神可以通过文艺作品世代永存。这是文学艺术对人生最大的馈赠和补偿。

世人品读文学著作，或者欣赏一幅画，抑或倾听一首曲，在某种意义上，也是在品读、欣赏、倾听隐藏在作品背后的创作者的故事与思想。用心品读李清照那些唯美浪漫、字字珠玑的诗词，便能透过字里行间"看见"一个立体而鲜活的她，感受她的感受，快乐她的快乐，伤痛她的伤痛，哀愁她的哀愁，幽怨她的幽怨。

> 寻寻觅觅，冷冷清清，凄凄惨惨戚戚。乍暖还寒时候，最难将息。

因着李清照对待人生的审美态度和诗意目光，这份冷冷清清的背后，蕴含着别样的风风火火。

千古才女，一代词宗

尾章

一

婉约以易安为宗

词,始于梁代,盛于宋代,所以后世称之为"宋词"。宋词,是宋代文学的最高成就,在整个中国文学史上亦占有举足轻重的地位。

国学大师王国维说:

> 楚之骚、汉之赋、六代之骈语、唐之诗、宋之词、元之曲,皆所谓"一代之文学",而后世莫能继焉者也。

当代作家周国平对宋词有这样一番赞美:

> 宋词也许是绝无仅有的唯美文学,它的文字、意境和音乐的美,没有一个文学品种比得上。

苏轼的"几时归去,作个闲人。对一张琴,一壶酒,一溪云",贺铸的"一川烟草,满城风絮,梅子黄时雨",辛弃疾的"众里寻他千百度,蓦然回首,那人却在,灯火阑珊处",秦观的"柔情似水,佳期如梦,忍顾鹊桥归路",陆游的"无意苦争春,一任群芳妒。零落成泥碾作尘,只有香如故",晏殊的"无可奈何花落去,似曾相识燕归来。小园香径独徘徊"……这些风格迥异的词作,或清冷,或幽亮,或柔情脉脉,或深情款款,静静细品,仿若初夏的清风从心头拂过。

或许这就是宋词的魅力,能让人从眼前的纷扰喧杂中抽身,以审美的眼光感悟人生的来来去去、起起落落,并且在这种审美中汲取安静的力量。

随着宋词的盛行,根据内容与风格衍生出婉约和豪放两大派别。婉约派的词人并非只创作婉约风格的词作,只是以这种风格为主。比如以婉约词著称的李清照,也作有《渔家傲(天接云涛连晓雾)》《乌江》这类风格豪放、气象恢宏的诗词;豪放派词人也并非只写风格豪放的词作,比如豪放派的代表人物辛弃疾,也写有《青玉案·元夕》《粉蝶儿·和晋臣赋落花》这种用词婉约、风格清雅的作品。

倘若撇开既定的评判标准,世间诸事恐怕皆难以辨出绝对的高低善恶。关于宋词,虽然一直存有谁是正宗的争论,但谁也无法断言,只能说婉约派与豪放派各有千秋,也都存在不足。

词的创作最初是用于歌唱,所以格外注重用字的音律和谐,词语多清新淡雅，适于演唱。若从词的本源出发，婉约派或许才算正宗，其用词唯美、清丽，更加符合宋词的创作要求。这是它的优点，同时也是它的缺点。因为有人认为，婉约派拘泥于儿女私情和个人情绪，在风格上固守一处，缺乏雄浑豪阔的气象。

相对于"墨守成规"的婉约派，豪放派词人在创作上并未萧规曹随，他们不拘一格，喜欢创新，写作主题由儿女情长扩展到对时代的思考、历史的追溯。偏向豪放派的人认为，不管宋词、唐诗，还是其他文学体裁，只要能够"我手写我心"，只要以坦诚之心面对创作，规则与体裁都不重要。从这一角度来看，豪放派因其随心所欲，更让人觉得亲近。

李清照身为一介女流，能够在群星璀璨的宋代文坛脱颖而出，成为千古才女、一代词宗，最重要的一个原因是，才华天纵的她在宋词创作上成就卓绝。

明代文学家杨慎认为：

> 宋人中填词，李易安亦称冠绝。

明代戏曲评论家茅暎有这样的点评：

> 香弱脆溜，自是正宗。

清代文学家王士禛称：

> 婉约以易安为宗。

李清照在世七十余年，留存于世的文学作品并不多，五十多首词作，加上诗文，再加上一些存疑词作，总共不超过一百篇，跟同时代作品颇丰的苏轼、辛弃疾等人相比，显得微不足道。她之所以能凭借为数不多的文学作品，在宋词乃至整个中国古典文学领域占有举足轻重的地位，关键在于其独特的写作风格，以及篇篇精品的高水准。

李清照在宋词创作上，大致有以下几个特点：

一、擅于创造词语的新颖用法

提及李清照的词，很多人首先想到的便是"知否，知否？应是绿肥红瘦""寻寻觅觅，冷冷清清，凄凄惨惨戚戚""一种相思，两处闲愁"这些耳熟能详的名句，因为具有鲜明的个人风格，读来令人耳目一新。

这种创造词语的新颖用法，散落于李清照的词作之中，是她诗词创作的一大特色，为此获得了历代文人的赞誉。

南宋文人罗大经在《鹤林玉露》中评价"寻寻觅觅，冷冷清清，凄凄惨惨戚戚"：

> 以一妇人，乃能创意出奇如此。

明人沈际飞在《草堂诗余正集》中写道：

"绿肥红瘦"，创获自妇人，大奇！

绿、肥、红、瘦，本是四个非常常见的字，但是经李清照如此搭配，让人耳目一新。春日将尽，经过风雨洗刷，海棠花差不多凋零殆尽，树叶纷纷展现新姿态，真是恰到好处。

李清照是一个充满灵秀文思的写作者，也是浪漫的自然主义者，她把花草树木视作人、视作朋友，甚至视作心灵伴侣，以看人的眼光看待自然万物，每一朵花、每一棵树都有它们的品格与脾性，不同时节的同一种花木又有不同的形态与神色，于是有了"绿肥红瘦""柳眼梅腮""露浓花瘦"这些个性十足的词汇。

二、擅于化用前人作品，运用典故

李清照出身书香门第，在身为"苏门后四学士"之一的父亲李格非的教导下，熟读经史子集、诗词歌赋，并且博闻强识。扎实深厚的文学功底让她在创作过程中能得心应手地化用各种典故，借此摆事实、讲道理，以达到简明生动的效果。

化用前人诗词的例子，在李清照的词作中屡见不鲜。虽然是化用，却在原作基础上，凭借女性独具的细腻心思，融入了自己的情感和生活体验，别有一番韵味。

比如"昨夜雨疏风骤，浓睡不消残酒"化用了韩偓的"昨夜三更雨，临明一阵寒"，"此情无计可消除，才下眉头，却上心头"化用了范仲淹的"都来此事，眉间心上，无计相回避"，"落日熔金，暮云合璧"化用了廖世美的"落日水熔金，天淡暮烟凝碧"，"东篱把酒黄昏后，有暗香盈袖"化用了陶渊明的"采菊东篱下，悠然见南山"……有时，她也会因为酷爱前人的某些诗句，而直接拿来放在自己的词作中，比如两首《临江仙》的第一句，都是直接引用欧阳修的"庭院深深深几许"。

在词作诗文中运用典故，可以使行文变得简洁凝练，同时让内容变得厚实，富有底蕴。

比如"秋已尽，日犹长，仲宣怀远更凄凉"一句，借用"仲宣怀远"的典故表达了她漂泊异乡、思念故土的浓烈乡愁；比如《凤凰台上忆吹箫》中借用了"武陵人远""烟锁秦楼"两则典故，说明自己与赵明诚情感上的疏远；又比如"可念刘伶之肋，难胜石勒之拳。局天扣地，敢效谈娘之善诉；升堂入室，素非李赤之甘心"，连续借用了"刘伶之肋""石勒之拳""谈娘之善诉""李赤之甘心"四则典故，充分说明了她在第二段婚姻中遭受的种种苦痛，以及做出的反抗。在以打马游戏为题材的两篇散文中，李清照更是将各种典故运用到了炉火纯青的地步。"庖丁之解牛，郢人之运斤，师旷之听，离娄之视，大至于尧、舜之仁，桀、纣之恶，小至于掷豆起蝇、巾角拂棋，皆臻至理者何？"借用历史上一系列因为专注而在某个领域达到精妙境界的故事，为"专则精，精即无所不妙"这一论点做了扎实的铺垫。

三、用词平易，深入人心

当代文学家缪钺如此评价李清照的《如梦令（昨夜雨疏风骤）》：

> 虽无深意，而婉美灵秀之致，非用力者所能及。

"婉美灵秀"是她大部分词作共通的风格，也是她能够成为一代词宗的关键所在。

品读李清照的词作，不难发现其中没有峭拔生僻的字眼，也没有华丽辞藻，她擅于凭借再寻常不过的字词，描述各种同样寻常却又微妙的心理。而这些微妙的心理，几乎每个人都体验过，细细读来有一种"说不出哪里好，就是觉得恰到好处"的共鸣。比如她写少女怀春的心思："眼波才动被人猜。"乍看之下，不惊不奇，然而只要对青春年少时的悸动有所回忆，就一定能懂眼波才动的暗自欢喜，又怕被旁人发现的害羞。比如她写闺妇孤枕难眠的寂寞："人悄悄，月依依，翠帘垂。更挼残蕊，更撚余香，更得些时。"文字的美、情爱的柔，似流水，似棉花，远离烟火，不染尘俗。

在古代，词是创作出来用于演唱的一种文学体裁，因此格外注重音律和谐，不仅讲究平仄，还要根据不同的词牌分出不同的五音六律。作为婉约派的代表人物，李清照严格遵循宋词的创作规范。品读李清照的词作，就像欣赏完美无瑕的青花瓷、倾听曲调柔美哀婉的古典乐，其魅力，存在于开卷细品一首古诗词的闲情中、低头凝视一朵花的宁静时光里、抬头仰望星空的遐思片刻。

就肉体而言，李清照已然消逝于历史长河，但她创作的诗词文章，就如水星上那座以她的名字命名的山峦，将在浩瀚星河中光芒永存。

二

别是一家，知之者少

李清照不仅写词，有时也评论他人作品，曾写有一篇关于宋词的议论文《词论》。此文不仅在宋词领域属于第一篇系统性地阐述个人见解的作品，也是整个中国文学评论史上第一篇女性写就的理论文章。

在这篇文章中，李清照提出了宋词"别是一家"的观点，认为文人应该将词与诗文写作区分开来，严格保持词独有的传统风格。她首先借用唐代歌唱者李八郎的逸事，说明词的起源与发展过程，接着在"别是一家"观点的基础上，对前人尤其是宋代文坛上卓有成就的李煜、柳永、欧阳修、苏轼、秦观、晏殊等十多位文人的词作做出了简明的评价，既有肯定，也有批评。

> 五代干戈，四海瓜分豆剖，斯文道熄，独江南李氏君臣尚文雅，故有"小楼吹彻玉笙寒""吹皱一池春水"之词，

语虽奇甚，所谓"亡国之音哀以思"也。

逮至本朝，礼乐文武大备，又涵养百余年，始有柳屯田永者，变旧声，作新声，出《乐章集》，大得声称于世，虽协音律，而词语尘下。又有张子野、宋子京兄弟、沈唐、元绛、晁次膺辈继出，虽时时有妙语，而破碎何足名家。至晏元献、欧阳永叔、苏子瞻，学际天人，作为小歌词，直如酌蠡水于大海，然皆句读不葺之诗耳，又往往不协音律者。……王介甫、曾子固，文章似西汉，若作一小歌词，则人必绝倒，不可读也。乃知别是一家，知之者少。后晏叔原、贺方回、秦少游、黄鲁直出，始能知之。又晏苦无铺叙，贺苦少典重。秦即专主情致，而少故实，譬如贫家美女，虽极妍丽丰逸，而终乏富贵态。黄即尚故实，而多疵病，譬如良玉有瑕，价自减半矣。

李清照认为，李璟、李煜等南唐词人的词作，语句固然优美柔婉，但因为带有深切的亡国之哀，算不得上品；柳永的词虽然讲求音律，但是词句落入俗套，缺乏典雅之气；张先、宋祁等人的词作虽然偶有精妙之句，但是整体看来零散破碎，故而算不上名家；对于苏轼、欧阳修、晏殊这些大文豪来说，作词易如反掌，但是他们的不足之处在于没有严格遵循词的规范来创作，读来让人觉得像不加雕饰的诗，而且也没有一个和谐的音律；在李清照看来，倘若写文有西汉之风的曾巩、王安石写词,定会贻笑大方,没法品读;即便写词一流的秦观、晏几道、贺铸、黄庭坚等人,也存在各自的不足:晏几道不善于铺叙,贺铸不够庄重,秦观虽然深情却不擅用典,黄庭坚虽然擅长用典却存在各种小毛病,到底是白璧微瑕。

很多事之所以分对错,源于各自遵守的规则。李清照严格遵守词的传统写作方式,尤其注重音律的和谐,而苏轼、欧阳修这些生性豪放的人,写起诗词来不被条条框框束缚,总会不拘一格、有所创新,这在李清照看来,是没有将词与诗文严格区分开来,也是"学际天人"的文人们"句读不葺之诗"的缘由所在。词就应当有词的样子,如果做不到这一点,就算是文学名家,诗文写作再厉害,在词作领域也算不上大家。

这篇词论是李清照年轻时所写,后代文人对《词论》,包括李清照的这种论调,褒贬不一。不少人认为她狂妄自大,心胸狭隘,目中无人,藐视一切,不能容忍他人的不足之处。比如文学批评家李长之就认为,李清照在《词论》中对几位重要词人的创作一概予以否定,表明其心胸的狭小与尖刻,不能容纳别人,不懂得欣赏别人,不能同情别人,这一点"恰足以反映自己的空虚"。也有人觉得这正是李清照的难能可贵之处,敢于提出自己独特的观点,敢于否定别人不符合标准的地方。比如词学家缪钺就在《诗词散论·论李易安词》中写道:

> 此非好为大言,以自矜重。盖易安孤秀奇芬,卓有见

地，故掊摭利病，不稍假借，虽生诸人之后，而不肯模拟任何一家。

一个极负盛名的人，其言论不管正确与否，总归是不可能获得一致的认同或否定的，正如作家木心在《文学回忆录》中所写：

> 没有评论家，苦在哪里呢？是直到现在，不是谁好谁坏的问题，而是什么是好什么是不好的问题，都没有弄懂。中国文学有一天要复兴，两种天才一定要出现——创作的天才，批评的天才。

《词论》文风犀利，对于词作的要求过于严苛，这固然与李清照的年轻气盛不无关系，但更大程度上还是源于她真实、坦诚、敢说敢言、坚持真我的个性。

胡适对李清照做过这样的评价：

> 中国女子在文学史上占最高地位的自然要算李易安，易安何以能占这样高的地位呢？因为她肯说老实话，敢写她的生活。

古人有言，不诚无物。真诚，是文学创作的第一要义，不仅要对读者持有真诚的态度，更要与己心坦诚相见。李清照不会因为欧阳修、苏轼等人是文坛前辈，是德高望重的大文豪，就不假思索地一味给予肯定和称颂。恰恰相反，她丝毫没有被任何一位文人的名望束缚，而是客观评价，就词论词，敢说"老实话"。这一点，一直贯穿于她的创作始末。

李清照不会为所谓的"名门闺秀"的身份所累，她写热恋时的女性——"倚门回首，却把青梅嗅"，无所顾忌地展现女子的娇羞；父亲受党争牵连，她向公公赵挺之求救遭拒，直接发出"炙手可热心可寒"的感慨；在写给綦崇礼的信中，毫无隐瞒地介绍自己第二段婚姻的前因后果；至于伤春悲秋、心灰意冷的消极情绪，她更是坚持"我手写我心"。

纯真、烂漫、娇羞、热情、聪颖、刚烈、勇敢、豪放、亲近自然、富有情趣、敢作敢为、爱憎分明，这些都是李清照通过作品呈现出来的个性。如果用一个词概括，那便是独立。因为独立的人格，她才能在跌宕起伏的人生旅途中保持自我，才活成了独一无二的千古才女李清照。

海角天涯,共赏梅花

后记

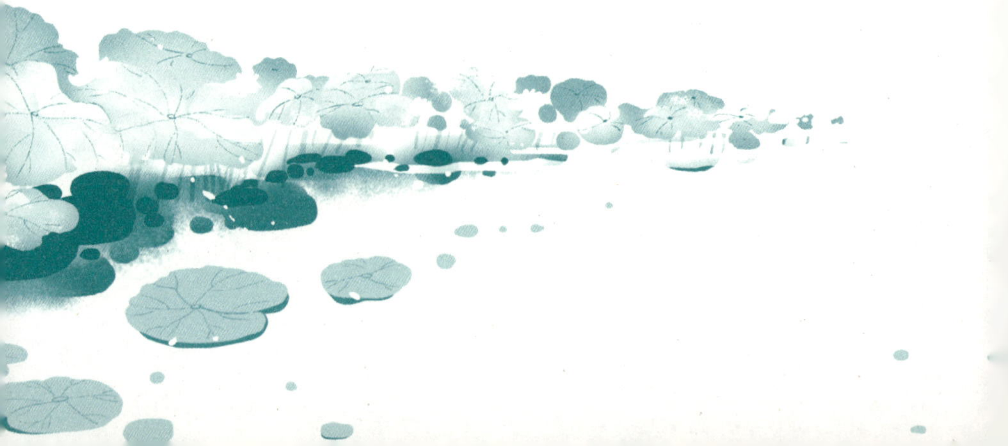

2018年初夏出版这本书时,有些急就章,主要因为自己水平有限,拿到样书欣喜之余,感觉有很多不足之处。未料六年后,编辑告诉我要再版,因此获得一个修订的机会,同时也是一次系统重温易安词的机缘。

说重温,其实并不恰当,因为对于喜爱古典文学的人而言,读诗、读词,就和吃饭喝茶一样,应该是日常化的生活内容,是柴米油盐之外随时可以品尝到的一种味道。只不过随着年岁的增长,会更容易理解古诗词,或者在某一刻,因了某件事,忆起某句诗,忽然有了新的领悟。

春华秋实无尽藏,绿肥红瘦又几回,重读易安词,已是癸卯年冬至前后。江南江北很多地方飘起了雪,小区楼下有一株素心蜡梅,正是欲花未花时,意蕴无限,由此不禁想起李清照的一首赏梅词:

年年雪里,常插梅花醉。挼尽梅花无好意,赢得满衣清泪。

今年海角天涯,萧萧两鬓生华。看取晚来风势,故应难看梅花。

——《清平乐》

自古文人多情,视山水为知己,视花草为情人。李清照喜欢花草,她常常静对春天的海棠、秋天的木樨,与它们倾谈良久。

人间百花,各有姿态,李清照对梅花怀有一份偏爱。翻阅她的诗词时统计了一下,五十多首含有花之意象的词作中,提及梅花的占了将近一半。"海燕未来人斗草,江梅已过柳生绵",是淡淡春光中的江南风物和少妇闲情;"红酥肯放琼苞碎,探著南枝开遍未?不知蕴藉几多香,但见包藏无限意",这个时候,李清照或已与赵明诚屏居青州,她凝视园中的红梅,其实也是对自己命运的扪心探问;还有"风柔日薄春犹早,夹衫乍著心情好。睡起觉微寒,梅花鬓上残""花影压重门,疏帘铺淡月,好黄昏""一枝折得,人间天上,没个人堪寄"……一枝暗香,点缀她如诗的一生;几十首梅花词,连缀起柳暗花又明的旅程。

这首《清平乐》,可以说是李清照静静追忆似水年华,对自己人生不同时期的回望。常记年少时,未谙世事,无忧无虑,每到冬天,便怀着"兴尽晚回舟,误入藕花深处"的好兴致,沉醉于自然之美,赏梅、折梅、插梅、咏梅。

人生之事，往来如梭，俯仰流年，又是寒冬。天气依旧，梅花依旧，物是人非间，改变的，不只是两鬓乌云变星星；流逝不再的，更有那份赏花的雅兴。"挼尽梅花无好意"，这种无意识的小动作背后，大抵深埋着一个人被苦难磨砺得千疮百孔的凡心。

再后来，也就是写下这首《清平乐》的时候，李清照已步入知命之年。此时的她，经历了战乱、离乡、丧夫、大病、再婚、离婚，早已不再是当年那个"倚门回首，却把青梅嗅"的娇羞女子，也不复拥有"试问卷帘人，却道海棠依旧"的少女情怀。又到梅花绽放的季节，她独自枯坐窗前，两鬓已是华发催生。说什么岁月从不败美人，岁月何曾饶过英雄与美人？天欲雪，晚来风急，她在心中喃喃自语：恐怕，恐怕再难看到当年那样的梅花了。

虽然再难和从前一样，与良人共赏梅花、寻诗觅词，但李清照对生活自始至终抱持着审美的态度，这让她即便身处冷冷清清凄凄惨惨戚戚的境地，也拥有风风火火轰轰烈烈的心境。

人生实苦，审美与诗心，或许才是最具疗效的解药。

婆娑世界，林林总总，无非风景，无非体验。行走于庸碌且琐碎的旅途，当步伐越来越快、道旁的风景越来越目不暇接、想要的身外之物越来越多，不妨暂停一下，尝试以诗意的眼光、审美的方式，去看待人间草木，看待天地山川，看待自然界中的种种。尘世扰攘，山长水阔，倘若对生活怀着一颗诗意之心，濠濮间想便不在远方，而在每一个当下。

　　海角天涯，难看梅花。说难看，是因为内心始终渴望看到，最好有人共赏。时光悠悠，穿越千年，翻阅李清照的传记，品读她的诗词，也就是在共赏梅花的玉瘦香浓与她的情怀如水了。

李清照生平年表

〔附录〕

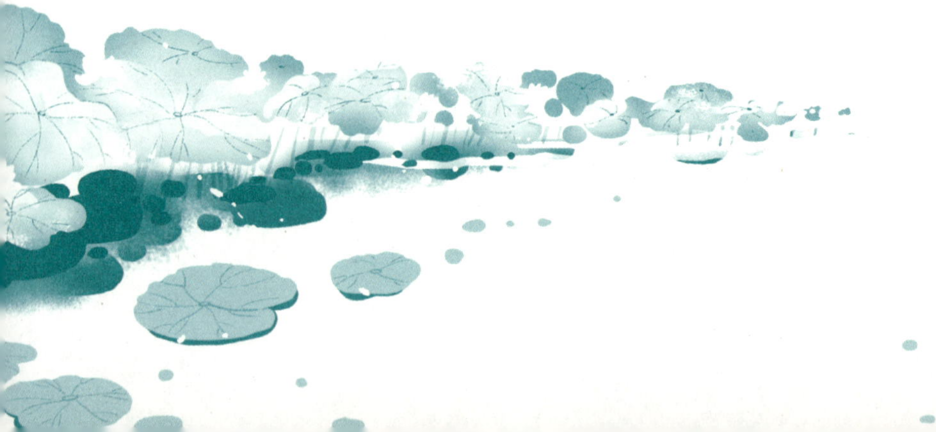

宋神宗元丰七年（1084）   1 岁

生于济南。

父亲李格非，为"苏门后四学士"之一。生母王氏，是北宋名臣王珪之女，早逝。继母王氏，为北宋著名诗人王拱辰的孙女。

【是年，司马光 66 岁，王安石 64 岁，苏轼 49 岁，黄庭坚 40 岁。】

宋神宗元丰八年（1085）   2 岁

三月，神宗崩，哲宗即位，太皇太后高氏垂帘听政，启用旧党成员，废除新法。

宋哲宗元祐元年（1086）   3 岁

父亲李格非入补太学录。

【是年，四月，王安石卒；九月，司马光卒。】

宋哲宗元祐五年（1090）　　　　　　7岁

随父居京师。

宋哲宗元祐八年（1093）　　　　　　10岁

九月，太皇太后卒，哲宗亲政，恢复新法。

【旧党成员苏轼、苏辙、黄庭坚、李格非等相继被贬。】

宋哲宗元符三年（1100）　　　　　　17岁

作有《浯溪中兴颂诗和张文（二首）》。

正月，哲宗崩，徽宗即位，叙复元祐臣僚。

待字闺中期间，作有《点绛唇（蹴罢秋千）》《浣溪沙（莫许杯深琥珀浓）》等。

宋徽宗建中靖国元年（1101）　　　　18岁

与二十一岁的太学生赵明诚结为连理。

【苏轼卒。】

新婚宴尔，作有《减字木兰花（卖花担上）》《浣溪沙·闺情》等。

宋徽宗崇宁元年（1102）　　　　　　19岁

七月，蔡京为相，打击元祐党人。

父亲李格非被列为元祐党人，公公赵挺之获重用。

宋徽宗崇宁二年（1103） 20 岁

赵明诚出仕，常到各地寻访文物。

赵明诚外出期间，李清照作有多首抒怀词，如《一剪梅（红藕香残玉簟秋）》《怨王孙（帝里春晚）》等。

宋徽宗崇宁五年（1106） 23 岁

彗星毁元祐党人碑，叙复李格非、黄庭坚等元祐党人，蔡京落。

宋徽宗大观元年（1107） 24 岁

蔡京复为相。

公公赵挺之卒，被追夺赠官，其子女受牵连，被遣回原籍青州。

有感于政治的变幻莫测，作有《多丽·咏白菊》《南歌子（天上星河转）》等。

宋徽宗大观二年（1108） 25 岁

重阳，赵明诚与妹婿游仰天山。

宋徽宗大观三年（1109） 26 岁

端午，赵明诚重游仰天山；九月十三日，游长清县灵岩寺。

宋徽宗政和元年（1111） 28 岁

中秋，赵明诚登仰天山赏月。

宋徽宗政和三年（1113）　　　　　30 岁

闰四月六日，赵明诚再过长清县灵岩寺；登泰山。

宋徽宗政和四年（1114）　　　　　31 岁

秋，赵明诚为易安题照。

宋徽宗政和五年（1115）　　　　　32 岁

阿骨打称帝，国号金。

宋徽宗政和六年（1116）　　　　　33 岁

三月四日，赵明诚三游长清县灵岩寺。

宋徽宗政和七年（1117）　　　　　34 岁

赵明诚编《金石录》始成。

宋徽宗宣和三年（1121）　　　　　38 岁

赵明诚任莱州知州。

秋，李清照自青州赴莱州，作《蝶恋花·昌乐馆寄姊妹》；八月十日，到莱州，作《感怀》诗。

屏居青州期间，李清照起归来堂，自号易安居士，作《青玉案（一年春事都来几）》等表达自己"甘心老是乡矣"的志向；此间，赵明诚多外出仿古，李清照作有《凤凰台上忆吹箫》《醉花阴(薄雾浓云愁永昼)》《木兰花令(沉水香消人悄悄)》《念奴娇(萧条庭院)》《点绛唇(寂寞深闺)》等多首表达思念之情的词作。

宋徽宗宣和六年(1124)　　　　　41岁

随赵明诚移知淄州。

宋徽宗宣和七年(1125)　　　　　42岁

十二月,徽宗退位,钦宗即位;赵明诚以职事修举,除直秘阁。

宋钦宗靖康元年(1126)　　　　　43岁

金人来犯。

宋钦宗靖康二年、宋高宗建炎元年(1127)　44岁

三月,赵明诚奔母丧赴江宁。

十二月,青州兵变,"凡所谓十余屋者,已皆为煨烬矣"。

【是年,徽宗、钦宗被俘北上;赵构即位于南京,是为高宗。】

宋高宗建炎二年(1128)　　　　　45岁

春,抵江宁。

九月,赵明诚起知建康府。

江宁期间,怀念故土,作有《诉衷情·枕畔闻梅香》《蝶恋花·上巳召亲族》

《添字丑奴儿·芭蕉》《临江仙(庭院深深深几许)》等。

宋高宗建炎三年(1129)　　　　　　46岁

春,赵明诚罢江宁知府,乘舟西上。

夏,经乌江,李清照作《夏日绝句》。

五月,至池阳,赵明诚起知湖州;六月十三日,独赴行在;八月十八日,卒于建康,年四十九。

葬毕,李清照大病,以文物投洪州妹婿;病起,作《山花子(病起萧萧两鬓华)》;往依其弟李迒。

十一月,金人陷洪州,洪州文物尽丧,"连舻渡江之书,又散为云烟矣"。

时有赵明诚"颁金"之语,尽将铜器赴外廷投进。

宋高宗建炎四年(1130)　　　　　　47岁

追随高宗辗转各州。

宋高宗绍兴元年(1131)　　　　　　48岁

赴越州,五筐文物为邻人所盗。

宋高宗绍兴二年(1132)　　　　　　49岁

春,赴杭州。

四五月间,再嫁张汝舟。

九月,讼后夫张汝舟"妄增举数入官",本应连带坐牢两年,在亲友綦崇礼的搭救下居囹圄九日,详见《投翰林学士綦崇礼启》。

赵明诚逝世后,李清照一路辗转,作有多首悼亡词,如《孤雁儿》《怨王孙(梦断漏悄)》《浪淘沙(帘外五更风)》等。

宋高宗绍兴三年(1133)   50岁

居杭州,作《上枢密韩公、工部尚书胡公(二首)》,以表敬仰。

宋高宗绍兴四年(1134)   51岁

无意间翻到《金石录》,睹物思人,写就《金石录后序》。

十月,避居金华;十一月二十四日,写就《打马图经》并作序;又作《打马赋》及《打马图经命辞》。

宋高宗绍兴五年(1135)   52岁

春三月,在金华,作有《武陵春(风住尘香花已尽)》。

后回杭州。

宋高宗绍兴十三年(1143)   60岁

撰《皇帝阁春帖子》《贵妃阁春帖子》《皇帝阁端午帖子》《贵妃阁端午帖子》《夫人阁端午帖子》。

宋高宗绍兴二十年(1150)   67岁

携米芾真迹,两访米芾之子米友仁,求作跋。

宋高宗绍兴二十六年（1156） 　　　　　　**73 岁**

卒。

南渡以来，常怀京洛旧事，晚年赋《永遇乐·元宵》《清平乐（年年雪里）》《声声慢（寻寻觅觅）》等。

李清照像　见于[明]佚名《千秋绝艳图》